COCTELES
CON
HISTORIA

COCTELES
CON
HISTORIA

GUÍA DEFINITIVA PARA
EL BORRACHO ILUSTRADO

JULIO PATÁN

 Planeta

Diseño de portada: Beatriz Díaz Corona J. y Alejandra Ruiz Esparza
Caricatura de portada: Darío Castillejos
Diseño de interiores: Beatriz Díaz Corona J.
Fotografías de interiores: p. 16: ilker / freeimages; p. 22: Jiri Matousek / Flickr; p. 28: rainer_maria / flickr; p. 36: Frank Zinnecker / freeimages; p. 46 y 47: Robert S. Donovan / Flickr; p. 59: Dan4th Nicholas / Flickr; p. 70: taylorandayumi / Flickr; p. 78: Liz West / Flickr; p. 88: Miroslav S. / freeimages; p. 96: John Joj / Flickr; p. 111: Philippe Ramakers / freeimages; p. 132 y 133: Nathan Brescia / Flickr; p. 137: Bart Everson / Flickr; p. 146: Paul Williams / Flickr; p. 155: serkan baybora / freeimages; p. 156: Antti T. Nissien / Flickr; p. 167: George M. Groutas / Flickr; p. 168: vanessagf / freeimages; p. 180 y 181: Marcelo Gerpe / freeimages; p. 203: Tijmen Van Dobbenburgh; p. 241: Dominic Morel / freeimages; p. 242: Robert. S. Donovan / Flickr

© 2014, Editorial Planeta Mexicana, S.A. de C.V.
Bajo el sello editorial PLANETA M.R.
Avenida Presidente Masarik núm. 111, 2o. piso
Colonia Chapultepec Morales
C.P. 11570, México, D.F.
www.editorialplaneta.com.mx

Primera edición: noviembre de 2014
ISBN: 978-607-07-2476-3

Impreso en los talleres de Litográfica Ingramex, S.A. de C.V.
Centeno núm. 162-1, colonia Granjas Esmeralda, México, D.F.
Impreso y hecho en México – *Printed and made in Mexico*

ÍNDICE

DOBLE Y CON DOS ROCAS

La bebida vino para quedarse: si ella se va, nosotros también.
KINGSLEY AMIS

Caminé por el centro de la Ciudad de México como si deambulara por los interiores de un sueño de infancia: el arroyo de la calle de Madero, antes Plateros, antes San Francisco, la misma vía ancestral de la ciudad. Durante toda mi vida esta calle fue un caos de calor, humo, lámina, desmadre, robo de poca monta, una marea de gente en busca de una luz, una promesa, un trozo de vida. Caminé con mi padre muchas veces por ahí y en ella recibí una lección duradera. Las lecciones duran poco, pero esta cruzó el tiempo indemne.

Recuerdo esto: de una enorme olla de peltre emergían cucharones de Coca-cola y ron. Así llené varias veces el jarro mientras al fondo de un patio sonaba la guitarra de Carlos Santana en un acetato negro: *Mujer de magia negra*. Por primera vez sentí cómo la neblina del alcohol cambiaba el orden de las cosas. Un prodigio. Esa parte de la noche me gustó, la otra fue un infierno de mareos y arcadas sin fin. La primera borrachera.

Para llegar a la casa donde se fraguaban actos revolucionarios, se servían Cubas Libres nefastas y ocurrían fiestas sin fin, había que tomar un camión colonia del Valle-Coyoacán en Insurgentes, que daba vuelta en Tehuantepec y avanzaba en línea más o menos recta por avenida Coyoacán, que entonces era una calle de dos sentidos divididos por un brevísimo camellón de cemento anciano. El camión se enrielaba en las correderas de un tranvía que dejó de hacer ese camino pocos años antes. Si no recuerdo mal, hablo del año de 1974.

En ese tiempo, un grupo de amigos al que me agregué, decidió que su bebida de batalla sería el Submarino, su autor predilecto Cortázar y su banda mítica Grand Funk. A mí me gustaban más Simon and Garfunkel, pero esa es otra historia. La copa de tequila se abría paso dentro del tarro de cerveza y se difundía para formar el batiscafo. En una de las mesas del bar Ku-kú, esos jóvenes aún beben submarinos desafiando a las leyes de gravedad. Así es la memoria, detiene el tiempo.

Para llegar a la esquina de Insurgentes y Coahuila, donde se levanta todavía la inmortal tienda Woolworth y se ubicaba el bar Ku-kú, había que atravesar de noche el parque México. No era lo más recomendable. Una pequeña banda asolaba a los jóvenes del rumbo. El Picapiedra era cosa seria, un hampón joven dispuesto a todo para ganar puntos en los bajos fondos. Su gusto por los jóvenes era conocido más allá de las fronteras de la colonia Condesa. El Willie era mucho menos peligroso y por eso se ensañaba más a la hora de las amenazas y las vejaciones, lo mismo pasaba con su hermano Cacho. El Japonés no representaba una amenaza seria. Espero que hayan muerto.

Durante años evité el parque México de noche. Caminaba por avenida Nuevo León al borde del otro parque, el España, luego por Sonora e Insurgentes hasta llegar al bar en cuestión. La década de los setenta tocaba el punto más alto de sus sueños tumultuosos.

La voz de mi padre:
—Si vas a beber, nada de aguas negras, ni aguardientes para albañiles.

El tequila aún no subía al pedestal de la moda y el prestigio. Papá me regaló una botella de Passport, un *whisky* para la guerra diaria. Me aficioné al *blend*, pero las crisis financieras mexicanas me alejaron de ese gusto. Entonces, en una mesa de amigos inventamos los falsos *whiskys*: ron añejo con agua mineral y muchos hielos. Sabía mal, esa es la verdad.

Nos reuníamos en la parte alta del restorán Los Guajolotes. Llegar era facilísimo, no había distribuidor vial ni segundo piso, Diagonal de San Antonio era una vía rápida. Los difícil era salir y manejar el coche después de pagar cantidades estrafalarias desprendidas de docenas de tragos. Bruce Springsteen había vuelto loco al mundo con *Darkness on the Edge of Town*. La avenida Patriotismo a las dos de la mañana era un río navegable que se abría y cerraba, según la cantidad de tragos. No tenía miedo. No se lo digan a nadie, pero manejé borracho muchas veces. Despuntaban los años ochenta.

Mi padre me inició en los misterios de la malta única. Granos de una misma cosecha, para producir *whisky* fino, maderoso o de sabor suave. Precios altos, eso sí, ni modo. El nuevo milenio nos sorprendió en ese gusto y ese hábito urbano que consistía en caminar por las calles del centro para comprar malta única. Luis Moya, López, Victoria. Mi padre llevaba la Ciudad de México en la palma de la mano. Entre los puestos de mercancía se oía, lo sé porque estuve ahí, una vieja canción de Franco de Vita: "Buen perdedor".

En la calle Ayuntamiento, frente a la vidriera de la tienda La Europea, elegíamos: Glenfiddich, Glenlivet, Macallan. Los ríos populares del comercio informal apenas nos permitían caminar con la botellas. Más tarde, mi papá miraba el mundo detrás de un vaso *old fashion* y un Glenfiddich entre dos cubos de hielo. Era su modesta bola de cristal.

Sé que he trazado algo, pero no sé bien qué: ¿el boceto de un mapa y diversas bebidas? ¿Una autobiografía de bolsillo a través del trago? Fernando Savater escribió en *Mira por dónde* que una buena parte de su vida la había pasado con tragos y, ciertamente, no la peor.

Debo decir que de brebajes y cocteles sé poco: me dan miedo. Dejemos ese asunto al conocimiento, los viajes, la vida y la prosa de Julio Patán. Pase usted y pida alguna bebida exótica.

Rafael Pérez Gay

BRINDIS

¡La libertad y el *whisky* siempre se juntan!
ROBERT BURNS

La vida enteramente racional es inconcebible. Todos tenemos momentos de exaltación y éxtasis, de locura y arrebato. La experiencia humana es demasiado vasta y compleja como para atarla a una lista de haberes y deberes confesables. El amor, el miedo, la belleza, el arte, el dolor nos conducen a territorios ignotos, hacen aflorar nuestra naturaleza más profunda, quizás la única verdadera. Y cuando regresamos al estado donde impera la correcta diosa de la razón nos preguntamos falsamente sorprendidos: "¿Era yo?". La respuesta no es ni sí ni no. Es también. O como escribió el poeta Luis Ignacio Helguera: "Ni sí ni no ni ni".

El alcohol, como las drogas, es agente que cataliza estos estados alterados de conciencia. Y por ello, su historia se confunde con la historia misma de la civilización. No hay cultura humana sin poesía ni mito. Ni tribu sin alcohol o drogas. Son genuinos marcadores antropológicos. Como el pulgar oponible o el dominio del fuego. Ya sea por permisividad o prohibición, por adicción o abstinencia, el alcohol salpica con sus vapores y efluvios la historia humana.

Si Occidente es la suma de Atenas más Jerusalén, nuestra forma de beber es Dionisos, el extranjero de la morada interior, más Cristo y su transmutación del agua en vino. Bacanal o rito. En su versión dionisiaca, el alcohol es un agente disolvente de las convenciones y reglas. Orgía. Confesión. Transgresión. Por ello justamente requiere reglas que lo controlen y atemperen. Le limen los dientes de perra rabiosa. Lo domestiquen. Hay edades, sitios, circunstancias en las que es válida su ingesta y en las que no. En su versión ritual, el brindis es una forma de sacralización de lo cotidiano. Una manera de volver significativo lo evanescente. ¿Alguien se imagina una boda sin un brindis por los novios? Desde luego, ambas manera de beber se tocan, se conjugan, se mezclan virtuosa o explosivamente. Un velo de santa, una trenza del diablo.

No se trata aquí de trivializar el incordio del mal trago. La enfermedad del alcoholismo. El embrutecimiento colectivo. Las hordas salvajes en el estadio. Las vidas rotas en la carretera. El vómito y el asco. "El potro del alcohol". Sino de encontrar el posible equilibrio entre vivir y beber. En cualquier caso, para mí, el alcohol tiene cuatro estaciones:

La primavera de un tequila de aperitivo al aire libre.
El verano de una botella de Ribera del Duero en cena de pareja.
El otoño de una tarde de *whisky* entre amigos.
El invierno de un pacharán los domingos en comida familiar, preludio de la siesta de un fauno.

Tras golpear la copa con una cuchara, alzo la voz y pido un momento de silencio. Quiero proponer un brindis por mi amigo Julio Patán y su nuevo y espléndido libro *Cocteles con historia*.

Salud.

Ricardo Cayuela Gally

BFINDIS

INTRODUCCIÓN

Nunca bebo agua. Me preocupa que pueda convertirse en un hábito.
W. C. FIELDS

Perdonarán que arranque con una obviedad: las bebidas cuentan historias. Más importante aún: recuerdan historias. Cuando un bebedor decide que su trago de cabecera es el *whisky*, el mezcal o la ginebra, lo hace por consideraciones de sabor, de perfume, de efecto y, por supuesto, de precio. Pero lo hace también porque las bebidas se destilan y añejan por segunda vez en la memoria: forman parte de nuestra vida emocional, de nuestra nostalgia, de nuestros afectos. Eso incluye nuestras emociones, nuestras nostalgias y nuestros afectos "culturales", para usar un término vago y un poco chocante. Con esto quiero decir que aprendimos a beber de la mano de actores y directores, de novelistas y dramaturgos, de músicos y pintores, de personajes de cómic y de personajes históricos e, incluso, de deportistas.

La cerveza es un poco mejor si cuando te la tomas sonríes con el recuerdo de Homero Simpson en calzoncillos, Duff en mano, con un extasiado hilo de baba por la mandíbula. El *whisky* tiene el poder que tiene porque nos recuerda al escritor cínico o al detective que leemos desde la adolescencia, así como el Dry Martini de nuestros domingos a la una en punto, con la enésima derrota del Cruz Azul, mejora porque también lo sostiene en la mano James Bond.

Esa certeza, que ver y leer son actividades que promueven la bebida y viceversa, es, creo, el origen de este libro. Y si digo "creo" es porque su origen no está en mi cabeza, sino en la de mis editores, que me propusieron escribirlo y al hacerlo me regalaron una temporada de muchos placeres: ha sido un gusto hacerlo, y créanme, escribir, a veces, no es un placer. De entrada, la tarea me obligó a revisitar mis lecturas, mis películas y mis series de televisión de una manera distinta. El trabajo ideal, si me permiten otra obviedad, salvo tal vez porque me he vuelto un poco raro: hace tiempo que veo la realidad y sobre todo eso que ahora llamamos la ficción con ojos de cazador de tragos. Robert L. Stevenson ya no es sólo el autor que hizo un poco más alegre mi infancia con *La isla del tesoro*. Ahora, inevitablemente, es el autor que logró eso y además convertir al ron, para siempre, en la bebida de los piratas, una convención que, en efecto, patentó ese contador de historias, como otras tantas. De la misma forma, *Vida y destino*, la gran obra de Vasili Grossman, pasó de ser una novela y luego una serie de TV sobre la batalla de Stalingrado a una novela y una serie sobre el vodka, como Churchill o Luis Buñuel se convirtieron en los autores de sendas recetas de Martini Seco. Claro que no todo fue revisitar el pasado. Luego del encargo de mi editorial, me volví incapaz de ver una serie o una película nueva sin poner pausa para ver exactamente qué bebían los personajes reunidos en esa mesa de bar, o el solitario que agarraba *la de buró* para diluir esa melancolía persistente. El cine, los libros y la televisión dejaron de ser lo que eran: se hicieron algo más. Lo agradezco de veras.

Este es, en fin, un libro de entrecruzamientos: el del alcohol con la cultura, en un sentido muy extenso. Extenso, aunque de ninguna manera exhaustivo. Es un recorrido asumidamente caprichoso por ese mundo, y estoy seguro de que ustedes, los lectores, tendrán abundantes enmiendas, reproches y recordatorios que hacerme. Háganlos. En serio. Nos vemos en las redes sociales, queridos amigos. Me encantará seguir con mis aficiones en su compañía, lo digo sin gentilezas. Gracias a ustedes, la infinita comunidad de los bebedores, este libro puede ser un poco más rico en el futuro.

Mi trabajo no es exhaustivo en lo que toca a la cultura, pero tampoco en los terrenos puramente alcohólicos. Incluí todas las bebidas que me gustan, que no son pocas, y también algunas por las que no siento ninguna simpatía pero que me parecieron parte ineludible de la historia fragmentaria y caótica que se cuenta en estas páginas. Hay, en cambio, unas cuantas que dejé fuera con plena conciencia del pecado, porque no se dejan ni beber ni contar. Por ejemplo, veo las muecas de desprecio de *hipsters* y antropólogos por la ausencia del pulque. Se los adelanto: es una trinchera que defenderé a muerte. No me gusta esa bebida, lo siento mucho (sí, he probado pulques "limpios", artesanales, campiranos, teóricamente sublimes, que también me parecieron imbebibles) y, sin duda a causa de mis limitaciones, tampoco me gustan las historias a que nos remite, demasiado cargadas de vicios identitarios y prehispanizantes, de antropologismos y pulsiones esotéricas. El pulque es a las bebidas alcohólicas lo que el temascal al sauna. Paso.

Esta aparente falla, como las muchas otras que podrán encontrar en las siguientes páginas, es, sin retórica, responsabilidad mía y de nadie más. La idea de hacer este libro es inapelable y sus vicios son imputables a su autor. Porque es, de modo quizá paradójico, y para usar términos de crítico literario pedante, un libro de autor, un libro *personal* (lo que desde luego no implica por necesidad una virtud). Sin remedio ni posibilidad de enmienda, aparezco retratado aquí como en pocas cosas que haya escrito: trago a trago, libro a libro, película a película, me reconozco en esta biblio-filmografía etílica, indisciplinada y aleatoria. A pesar de todo, el protagonista de estas páginas, puedes tranquilizarte, no soy yo. Piso terrenos comunes, terrenos de debate fiestero, de charla de sobremesa, de reunión de amigos, de pasión compartida, incluso cuando hablo del modo de preparar o beber cada trago.

Porque este libro se atreve también a explicar cómo beber y cómo preparar lo que se bebe, aun cuando de ningún modo pretende convertirse en parte del canon mixológico. En eso también asumo mi amateurismo. Cuando hablo de alcohol, como cuando hablo de cultura, lo hago desde el entusiasmo, tal vez con el barniz de saber que dan los años de experiencia. Nada más. Así como tengo mucho más de glotón que de *gourmet*, tengo mucho más de borracho que de catador o barman.

Este libro debe mucho a muchas personas. Para empezar, a Gabriel Sandoval y a Carmina Rufrancos, que no sólo confiaron en mí sino que me ayudaron con bibliografía sacada temerariamente de sus bibliotecas. Me esforcé, queridos editores y amigos, en cuidar sus libros. Se los devolveré sin marcas de vaso. También le debo unas cuantas ideas a Nicolás Alvarado, que sabe más que yo de estos temas y sobre todo sabe escribirlos mejor, así como a Jill Begovich, que baja sensiblemente la edad promedio de los involucrados en este libro y que por lo tanto trajo a él muchas ideas frescas. Para no hablar de mi deuda con María Scherer, embarazada por doble partida, lo que otorga doble mérito a su apoyo, hecho a palo seco, sin alcohol, a punta de antojos imposibles de satisfacer. Mis disculpas por eso, querida María. Te debo unos tequilas. No hace falta decir que estas páginas son, también, para tus hijas, las chicas Zavala-Scherer.

Otros cuantos tragos son los que le debo al gran César Güemes, lector notable. Los mismos que al gran Carlos Puig, un querido amigo que me regresó a la senda del periodismo.

Pero sobre todo, estas páginas son para la guapa, querida Martha Sosa, que se recetó este libro de pe a pa, sin chistar, paciente, generosa, con esa inteligencia enorme, y lo hizo mucho mejor de lo que era.

Julio Patán

Septiembre, 2014

ABSENTA
El hada verde

Hay que estar siempre ebrio. Eso es todo: la única cuestión.
CHARLES BAUDELAIRE

Es la bebida de muchas de las personalidades más convulsas, intempestivas, violentas y también, en general, más virtuosas de la literatura y el arte, a pesar de la competencia del vino y el whisky.

Se le llama lo mismo *absenta* —nombre que comparte con la planta que le da personalidad— que *ajenjo*, pero tiene otros apelativos más sugerentes: el *hada verde* o (tal vez con más justicia) el *diablo verde*.

Puede convertirse en coctel, el Sazerac, una invención que debemos a la más disoluta y más francesa de las ciudades estadounidenses: Nueva Orleans.

Así le gustaba su absenta a Edgar Allan Poe, el primero de una nómina generosa de muertos prematuros como la que verás enseguida, apreciado lector. Poe murió a los 40 años, en 1849, no sabemos de qué. Las teorías abundan y van del exceso alcohólico a las drogas, del infarto al infarto cerebral e incluso al suicidio. Lo cierto es que sus abandonos alcohólicos de toda la vida habrán contribuido en mucho a que ese 7 de octubre llegara en estado delirante, agónico, al Washington College Hospital de Baltimore, donde murió. El Sazerac parece un trago a su medida. Es un bombazo que en su formato clásico mezcla una base de coñac, *bourbon* o *whiskey* de centeno, Peychaud's Bitter y azúcar, aunque suelen aceptarse añadidos como el Pernod y hasta un toque de *syrup*. Lo que tienes que hacer es enfriar un vaso *old fashioned*, rellenarlo con cubos de hielo y poner una parte de absenta. Aparte, mezclas los otros ingredientes, incluidas cinco partes de coñac o sus reemplazos whiskeros, también con hielo. Para terminar, liberas a la absenta de los cubos de hielo que le dieron temperatura, echas en el vaso los otros ingredientes y, si las prisas no te ganan, como le sucedía al "príncipe de los escritores malditos" —así llamaba el poeta Rubén Darío a Poe—, adornas con piel de limón.

La absenta arrasó literal y figuradamente con el siglo XIX y el arranque del XX en Francia, hasta su prohibición en 1915. Es, por excelencia, la bebida con leyenda negra, un poco a la manera del mezcal en México. Tal vez la merezca, pero este libro es ajeno a propósitos censores. Lo cierto es que la bebieron con fruición los presuntuosos simbolistas franceses, grandes admiradores de Poe, y sus antecesores. Hablo de sujetos como Arthur Rimbaud, muerto a los 37 años, o de Paul Verlaine, su pareja amorosa, muerto en la miseria a los 51, o de Stephan Mallarmé, que llegó a los 56 años, pero sobre todo de Charles Baudelaire. Corrían ríos de absenta en aquellos días, por la idea (o con el pretexto) de que era un detonante formidable de los procesos creativos. Pero aquellos franceses seguían protocolos de consumo muy diferentes a los de Poe, los cuales, de hecho, resultaban muy complicados, igual que todo lo que rodea a dicha bebida.

Producir absenta ya es intrincado. Hay, de entrada, un proceso de maceración en frío que sirve para extraer el espíritu de los muchos vegetales que la pueden conformar, particularmente de la famosa, ineludible, "santísima trinidad": flores de hinojo, flores de anís y hojas de *Artemisia absinthium*, una plantita maléfica y sublime que puede provocar alucinaciones si excedes un poco la dosis. Luego vienen un proceso de destilación y un segundo proceso de maceración, del que surge el intenso color verde que la distingue y que no debes confundir con el de la menta que ingiere el *bartender* francés con el que hace amistad el rudo Popeye Doyle, el policía que interpreta Gene Hackman en la notable *Contacto en Francia II*, de John Frankenheimer, y que, mientras se mata con *whiskies* derechos, le pregunta al galo si de veras beberá esa "mierda verde". No la debes confundir, entre otras cosas, porque la película es de 1975 y en esa época todavía era imposible consumir absenta en Francia, al menos de modo legal. Ahora las cosas han cambiado. Puedes encontrar botellas de ajenjo en Europa y comprobar que, en efecto, el tipo de estados alterados que provoca es único pero no es lo mismo que consumían los chicos del siglo XIX. Tiene una concentración mucho menor de su componente activo, así que el viaje extremo tipo simbolista te obliga a tomar una cantidad probablemente intolerable de líquido.

Igual de complicado es beberse la absenta a lo francés. Lo que procede es poner la copa con una dosis moderada de "demonio verde", tomar una cucharita con perforaciones, ponerla sobre la copa con un terrón de azúcar y dejar caer en el vidrio anhelante, a través del terrón y las perforaciones, un chorrito sostenido de agua fría. El resultado es una bebida anisada, herbácea, con su profundo amargor matizado por el edulcorante, que cobrará de pronto un color blanco lechoso. Es lo que beben los dos comensales de aquel famoso cuadro de Edgar Degas intitulado, sin muchos misterios, *El ajenjo*, de 1876.

Porque el ajenjo dista de ser privativo de los escritores decimonónicos. Le gustaba mucho también a Toulouse-Lautrec y, evidentemente, a Édouard Manet, el impresionista más respondón, al que en el Salón de París le rechazaron *El bebedor de absenta*, una pieza de 1859. Y vaya si le gustaba a Van Gogh. No sabemos por qué perdió esa oreja ya legendaria; una versión reciente dice que Paul Gauguin se la rebanó con una espada, en un arrebato amoroso, pero la versión original y más conocida asegura que fue una automutilación producida por la insidiosa "hada verde", cruel con los excesos.

Porque, aseguran, el hada, llegado un punto de ebriedad, se te aparece. Te invito a descifrar sus misterios, lector entrañable pero, por si acaso, deja a resguardo los objetos cortantes.

ALCOHOL Y CAFÉ

La plaga del barroquismo *kitsch*

Bebo cuando tengo ocasión, y, a veces, también cuando no la tengo.
MIGUEL DE CERVANTES

No tengo nada contra la costumbre de mezclar alcohol y café. Hay en ello algo natural, de buen y honesto trabajador que arregla un poco su agotadora jornada con estos dos nobles estimulantes, intentando sobrellevar el peso de la maldita cotidianidad.

¿Cómo reprocharle al campesino español que se levanta al alba que se caliente los huesos con un Carajillo de los de antes, esa mezcla de *brandy* o anís con un *solo*? ¿Es que hay algo intrínsecamente malo en potenciar un café cubano con ese latigazo de destilado de caña, como solían hacer los guajiros cuando en Cuba había guajiros, destilados y café, antes del castrismo? ¿No te imaginas (y te da gusto por él) al trabajador de la plantación sureña en el acto de despertar, entrar en calor y alegrarse la mañana, todo a la vez, con un poquito de *bourbon* del no muy bueno o un peligroso aguardiente casero en ese café que tampoco es que digamos *gourmet*? ¿Qué *pero* le pones al *caffè corretto* italiano, o sea, al mejor de los cafés "corregido" con un golpe de *grappa*? Más aún: ¿está mal que un amigo novelista, mexicano, en el ecuador de la vida, cuyo nombre me reservaré, se levante a escribir todos los días a las seis y mientras escribe se meta unos tragos de *espresso* con *scotch*, buen matrimonio para un purito suave y avainillado?

Descubro un documental patrocinado por la marca Nespresso que no sé si decir que dirige, edita, coordina o qué cosa la actriz española Leticia Dolera. Se llama *1001 formas de pedir un café*, y lo de no sé qué cosa lo digo porque se trata de un *crowd documentary*, lo que en otros tiempos hubiéramos llamado un documental colectivo o algo por el estilo. Vaya, *hipsterismo* reconcentrado. Dicho en tres palabras, durante el verano de 2013 se lanzó una convocatoria de la que salieron doscientos cortos de aficionados sobre el café, una bebida que en los últimos años goza de un éxito inusitado en el mundo, aunque siempre lo ha tenido. La Dolera hizo, básicamente, una labor de montaje, apoyada por un editor, y consiguió lo que me parece más un acierto lingüístico que uno visual.

Existen muchas maneras de pedir un café, particularmente en España, la tierra del Carajillo. Y me parecen, casi todas, irreprochables: está el completo, es decir, café, *brandy* y puro, castellanísimo. El café dos gotas, que preparan los gallegos con unas gotas de orujo; el murciano belmonte, con leche condensada y *brandy*, que en tierras castellanas llaman Carajillo bombón. Y están el *perfumat* catalán, con anís; el quemadillo aragonés, que son granos de café quemados en ron con leche; el *rebentó* mallorquín, con ron; y un bombazo, el resolí de Cuenca: aguardiente serrano, *brandy*, piel de naranja, azúcar, canela y, claro, café.

Dudo en sumar a esta lista de café con alcohol o alcohol con café dos mezclas heterodoxas.

La primera es la queimada, una de esas bebidas que ponen al borde del paroxismo a los antropólogos y los nacionalistas. Es gallega, muy gallega. Según la versión purista, la de los que aseguran, y se equivocan, que es una herencia de los celtas (me temo que no conocían la destilación), te buscas una olla de barro, la llenas de orujo, azúcar y pieles de limón, prendes fuego, revuelves continuamente y bebes entre conjuros contra las brujas, porque si en algún lugar hay historias de brujas es en Galicia. Tienes que apurarte un poco pues el fuego, en este caso esas llamas azules, acaba con el alcohol. ¿Y el café?, preguntarás. Muchos lo usan, porque tiran unos granos a la mezcla, pero pocos lo aceptan como parte de la tradición.

El conjuro no funciona. Hay una foto de 1992 en la que aparecen Fidel Castro y Manuel Fraga frente a sendos peroles de queimada, Fraga con el cucharón en la mano. Están en Láncara, en plena Galicia, donde nació el padre del barbón, que aprovechó una visita oficial para darse un garbeo por las tierras de sus antepasados y, de paso, recordarnos que él, primerísimo entre los comunistas latinoamericanos con el permiso del Che, tuvo siempre una turbia y amorosa relación con el franquismo. Más que turbia. Aunque nominalmente el Caudillo era su opuesto ideológico, hubo entre ambos países, la España de Franco y la Cuba de Fidel, relaciones diplomáticas y comerciales. A la muerte de Franco, el comandante ordenó un día de duelo nacional discreto pero de ninguna manera invisible en toda la isla. Con Fraga, supongo, las relaciones habrán fluido. No menos gallego que la queimada, Fraga, uno de los políticos más taimados de la historia española, fue ministro de Información y Turismo durante el franquismo, hacia los años sesenta, y supo reeditarse como un demócrata conservador, uno de los que fundaron Alianza Popular, antecedente del actual Partido Popular. Pero hay alguien más taimado que Fraga, y es Fidel, el Mefistófeles del Caribe. Si el conjuro sirviera, no habría aparecido en la foto.

La otra heterodoxia que me gustaría consignar es la mistela, una aportación más de la Iberia profunda. Apelo al detective Pepe Carvalho, ese *gourmand* desencantado que inventó Manuel Vázquez Montalbán. En *Los mares del sur*, uno de los libros que protagoniza, remata una paella campirana en compañía de varios amigos y, con emocionada sorpresa, descubre que uno de ellos tuvo la idea de llevar *flaons* para el postre, es decir, unas tortitas rellenas de queso, almendras y canela a cuyo embrujo —parece que la brujería protagoniza este apartado— ningún catalán de cepa puede resistirse. Las acompañan con una bebida color *whisky* que nada tiene que ver con este destilado. Su nombre refleja su naturaleza. La mistela es la combinación de un aguardiente tipo orujo con un mosto de uva cuya fermentación fue interrumpida antes de convertirse en vino. Esa es la base. Luego vienen las aportaciones regionales, porque su consumo se extiende a muchas partes de España: infinitas hierbas, raíces, cáscaras de fruta. Y café, por supuesto. Suele incorporarse a su fórmula granos o café molido, como para reforzar sus propiedades digestivas y darte un aire nuevo después de esa comida pantagruélica.

No, no hay nada que reprochar al noble y austero matrimonio de *lady cafeína* y el *mister alcohol*. Mis problemas son con ciertas formas de la coctelería que calificaría como nuevo barroquismo *kitsch*. Ya el viejo café irlandés, nacido efectivamente en Irlanda por ahí de los años cuarenta, me parece dudoso. Como sea, eres un adulto con capacidad de elección, así que va la receta.

Tomas una cucharada bien servida de azúcar (algunos discípulos de Winnie the Pooh, el amante de la miel, dicen que las cucharadas han de ser tres, pero supondrás que los ositos tienen poca legitimidad en este libro), la dejas caer al fondo de una copa cervecera, añades una parte de *whisky*, supongo que mejor si es un irlandés de precio razonable (si me entero de que usaste un *single malt* te retiro la palabra), y dejas que se disuelva el edulcorante. Luego vienen las opiniones: puedes o no flamear el jarabe resultante, llenas con dos partes de café y coronas con una capa de crema que algunos recomiendan líquida y otros batida, como si hubiera algo que mejorar o empeorar a esas alturas. A propósito, existe una derivación embotellada de esta receta. La conoces. Se llama Bailey's o Bailey's Irish Cream, por si quieres su nombre completo, y es un compuesto de *whiskey* y crema que se vende con gran éxito desde los años setenta.

Pero el más aberrante de los mejunjes hechos con alcohol es lo que en los bares y restaurantes mexicanos llaman hoy Carajillo, que nada tiene que ver con el Carajillo ibérico de toda la vida. Vaso, hielo, un cañonazo de Licor 43 y café; imagínate qué atentado. Como para indignar a la honrada clase trabajadora. Un fantasma recorre México: el del mal gusto.

ANÍS
Cuidado con las hormigas

El trabajo es la maldición de la clase bebedora.
OSCAR WILDE

Francisco Franco, el más ñoño de los dictadores del siglo XX y también uno de los más sangrientos, llevaba apenas nueve años enterrado en el mausoleo del Valle de los Caídos cuando el eco de su voz aflautada desaparecía de los medios, aunque muchas de sus imposiciones perduraban.

ANÍS

En España todavía no era común ni en los libros, ni en la televisión, ni en el cine el tema de la Guerra Civil, que los censores de la dictadura redujeron a unas cuantas páginas de historia oficial teñida de militarismo y mojigatería. Ni hablar del periodo anterior, la vida breve de la República. De eso no se hablaba. Eran tiempos divertidos y culturalmente fértiles, sin duda. Durante la Movida vivió un buen momento principalmente la música, alimentada por una vida nocturna maratónica e intensa; se podía escuchar a Radio Futura, a Alaska, a Nacha Pop y su melancolía matizada con resonancias de fiesta. Tampoco era un mal momento para la prensa escrita, gracias, sobre todo, al periódico *El País*, e incluso la televisión gozaba de cierto espíritu aventurero y una cuota de desparpajo. Pero el cine no despertaba. Almodóvar, por ejemplo, era un semirradical con la contracultura tatuada en la frente, pero ni de lejos representaba una figura capaz de solidificar una industria.

Fue entonces cuando apareció en la cartelera *Las bicicletas son para el verano*. Vaya fenómeno. Era 1984. Habían pasado 45 años desde el final de la guerra y parecía ya tiempo de hacer un corte de caja histórico. ¿De qué manera? El director Jaime Chávarri encontró el tono. Y lo halló en una obra de teatro escrita por Fernando Fernán Gómez, también gran actor, ideal para encarnar personajes como los de su comedia de costumbres, aunque curiosamente no lo hizo en *Las bicicletas...*, donde encontramos españoles de la España profunda, francotes, humildes, regañones pero entrañables, lúdicos, generosos, buenos amigos y buenos parientes. Se trata de una mirada a la España en guerra a través de los ojos de una familia que las padece en el Madrid de 1936. Esta estrategia narrativa viene del teatro, pero tiene antecedentes muy propios del cine español, particularmente de ese talento excepcional que fue Luis García

Berlanga, el retratista más irónico y más afectuoso de aquella vieja España entrañable y dulce-amarga —busca *Bienvenido Mister Marshal*, *El verdugo* o *Todos a la cárcel*— y ecos brillantes en el mejor de los discípulos de Berlanga, José Luis Trueba, que siete años después haría otra pequeña joya hermana de *Las bicicletas son para el verano*, *Belle Époque*, ahí sí con don Fernando en un gran papel.

¿Qué familia es esa de la película de Chávarri? Una familia que vive del anís, y lo hace con un digno sentido de la honestidad. El padre, en efecto, trabaja orgulloso en una empresa dedicada a esos menesteres. En algún punto de la película, cuando la llegada del largo invierno franquista parece ya inminente, ofrece un trago de El Mono durante una charla melancólica, y acepta luego de un sorbo: "Ni hablar, hay que reconocer que el de la competencia es mejor". Y probablemente era cierto. El anís El Mono es viejo. Circula por la península desde 1860, cuando lo pusieron en el mercado unos empresarios de Badalona. Tiene alguna mención en *La regenta*, de Leopoldo Alas Clarín, lo que equivale a decir: en la que habría sido la novela emblemática del realismo español del siglo XIX si no hubiera existido Benito Pérez Galdós, y todavía logra causar desconcierto por el mono humanoide que adorna su etiqueta, una criatura como de libro de Darwin diseñada por un artista catalán que tiene su peso: Ramón Casas. Pero es, sobre todo, una bebida que refleja bien la hispanidad de la película de Chávarri, una bebida de arraigo masivo, de cultura popular, de bar con papeles en el piso y colillas por todas partes.

¿Es el anís estrictamente español? Parecería que sí, que es españolísimo. Las marcas que sueles encontrar en las tiendas así lo sugieren, de tan antiguas. El de La Asturiana, el Machaquito y el de La Castellana son del siglo XIX, el madrileño Chinchón del XVIII. Pero depende de qué quieras decir con *anís*, porque anís es también la flor que da origen al licor español de ese nombre, la *Pimpinella anisum*, y así como al español, a otros muchos. A su modo, son *anís* el suave aguardientico con el que combaten la humedad los bogotanos y los rigores de la vida los colombianos (es un aguardiente de caña anisado); el *ouzo* que beben sin miedo los griegos; el *arak* que exige agua y que producen libaneses, palestinos, sirios e israelíes en el Levante; la *sambuca* italiana; por supuesto el *pastís* que beben los franceses, a menudo blanco porque lo mezclan con agua y en los viejos tiempos matrimoniado con el ajenjo, y también el Pernod, no menos francés y hecho con anís estrellado.

Si hablas del español, ya sabrás que hay uno dulce, muy dulce, y uno seco. ¿Cómo beberlo? Cosa de gustos. Como la *grappa* italiana, el *brandy* y el orujo, resiste y a veces hasta pide la mezcla con café caliente. Es entonces cuando se convierte en un Carajillo como Dios manda, porque ese brebaje que sirven en los restaurantes mexicanos no merece el título. Hay quien añade agua a lo francés, quien lo mezcla a mitades con *brandy* o coñac (y a veces con hielos) para hacer algo cursimente llamado Sol y Sombra, quien deja caer unos granos de café en la copa y los llama *moscas*. A mí me parece que debe tomarse acodado en la barra, en una copita para *brandy*, derecho, como un homenaje a la España profunda de Fernando Fernán Gómez. Pero sólo uno.

*La cruda
de anís
es peligrosa:
por el azúcar,
se te suben
las hormigas
en la cruda,
dice el novelista
Fabrizio Mejía.*

ANÍS

ĀRMAÑAC
Otro aristócrata en decadencia

Bebo para hacer interesantes a las otras personas.
GROUCHO MARX

Si el coñac no goza de sus horas más altas en términos de taquilla, qué te digo del armañac, un primo cercano de la familia de los brandis que tiene también denominación de origen y que se produce en la región francesa así llamada, al sudoeste del país.

Es un destilado de vino blanco que nace de cuatro cepas de uvas, y posee, como todas las bebidas de viejo cuño, sus muchas cláusulas. Una de ellas es que tiene que añejarse en barricas de roble y nunca por menos de dos años. Como la champaña, es una bebida que prefiere el ensamble; como el coñac, tiene sus etiquetas: no menos de dos años de envejecimiento para el VS, cinco para el VSOP y seis para el XO, aunque 20 o 30 años es una edad adecuada para percibir sus mil y un matices. Hay también armañacs *millésimés*, provenientes de una sola añada, más bien raros.

Al armañac le pasa lo que a D'Artagnan, el mosquetero: es gascón. Pero es más antiguo que su paisano, el más joven de los cuatro espadachines que enfrentan al cardenal Richelieu, quien a su vez es un cultor del vino.

Los franceses aseguran que es el más antiguo de los brandis del país y seguramente es cierto, porque hay referencias a sus beneficios al menos desde el siglo XIV.

¿Por qué entonces es una bebida francamente de minorías, con una proyección planetaria mucho menor, desde siempre, que el coñac; es decir, algo más que una gloria local?

Es difícil de explicar, porque tiene muchas características de las bebidas VIP: es caro, sofisticado en sabores y olores, es francés, tiene prosapia y sirve para acompañar un puro cubano de los muy costosos, algo no dicho por mí, sino por la revista *Cigar Aficionado*.

Pero tiene otro rasgo compartido con el coñac: esa aura de aristócrata decadente, sólo que acentuada. Por eso, supongo, lo usan en *Los Soprano*, la gran serie sobre mafiosos de HBO, para remarcar irónicamente el patetismo de uno de sus personajes, el insufrible Arthur Bucco. Tony Soprano, el capo interpretado por el maestro de maestros James Gandolfini, tiene realmente pocos afectos, al margen de su esposa y sus hijos. Uno de ellos es Artie (John Ventimiglia en la vida real), su amigo de infancia, chef y dueño de un restaurante llamado Nuovo

Vesubio que no termina de despegar, seguramente por sus limitaciones como cocinero pero sobre todo por su pusilanimidad y su resentimiento crónico. En algún capítulo, Bucco se acerca a Tony con la enésima propuesta comercial destinada a enriquecerlos pecaminosamente, un disparate más. La propuesta es importar armañac. "Es el nuevo vodka", le dice el cretinazo a su amigo y protector para convencerlo de que la gente lo adquirirá por cajas, y con ello conecta un gancho al hígado, uno más, del devaluado orgullo francés.

ARMAÑAC

‾BELLINI Y MIMOSA

Para darle sabor al jugo

El comportamiento adecuado para toda la temporada vacacional es estar borracho. La borrachera culmina en Año Nuevo, cuando estás tan borracho que besas a la persona con la que estás casado.
P. J. O'ROURKE

Hay muchas razones para hablar del Harry's Bar que, pese a lo que indica su nombre, está en Venecia, y me refiero a la Venecia italiana, la original, no a la californiana.

El fundador, Giuseppe Cipriani, cuenta que lo abrió en 1931, luego de un periplo interminable por bares y restaurantes de toda Europa, con el dinero de un préstamo que le devolvió un joven estadounidense, Harry Pickering, cuyo nombre acabaría en el rótulo del nuevo lugar. Convertido en uno de los bares más famosos del planeta, lo que equivale a decir que también es una escala obligada de giras turísticas, el establecimiento de Cipriani fue, en efecto, un sitio donde solían acodarse lo mismo personajes literarios y cinematográficos como Orson Welles o Truman Capote —quien probablemente sólo conoció algunos bares menos que Hemingway—, que músicos como Arturo Toscanini o pintores como Georges Braque.

Pero el Harry's es famoso también por tres inventos. Uno es —no siempre— masticable: el *carpaccio*. Dos son bebibles. El primero, dicen, es de Hemingway, se llama Montgomery y es una muestra de su mala leche. El nombre se debe a que —decía aquel grandísimo bravucón— el famoso general homónimo sólo iba al combate si sus tropas superaban en proporción de 15 a 1 a las del enemigo. Ese 15 a 1 debe ser la proporción de ginebra respecto del vermut en un Martini, según *Papa* Hemingway. Hoy, si pides algo con este nombre en un bar, te encontrarás con que tanto las copas de martini como la bebida misma fueron congeladas antes de servírtelas, con lo cual tu trago contendrá una respetable cantidad de hielo etílico.

La otra bebida es el Bellini, es decir, una mezcla de dos tercios de *prosecco* (puedes sustituirlo con champaña o cava brut) con un tercio de puré de duraznos (en general te lo sirven con un golpe de jugo o "néctar" de lata o botella). Es difícil imaginarse una bebida tan sutil y tan moderadamente alcohólica en las manos rechonchas de Orson Welles o en las de Hemingway, pero es cierto que ambos la pedían con fruición y que el escritor hace mención del bar en alguno de sus cuentos.

El Bellini es sólo una de las dos formas clásicas de mezclar un vino espumoso con jugo de frutas. La otra se llama Mimosa. El nombre no invita a beberla y la idea de matrimoniar champaña con jugo de naranja no es cómoda para cualquiera, pero esta mezcla ha conseguido un lugar protagónico entre los bebedores, particularmente a la hora del *brunch*.

Si el *brunch* quieres hacerlo en casa, toma una copa de flauta y llénala a mitades con champaña (o alguno de sus primos baratos, si te quedaste en casa para ahorrar) y jugo de naranja.

No se sabe quién la inventó, pero el lugar común apunta al Hotel Ritz de París. Eso significa que la Mimosa nació en uno de los hoteles más famosos del mundo, el que fundaron en el último suspiro del siglo XIX un hombre de negocios suizo, César Ritz, y nada menos que August Escoffier. No son pocos los méritos de este cocinero, el responsable de que la gastronomía tradicional francesa haya llegado a nuestros días bajo la forma en que la conocemos, esto es, el autor de un clásico entre clásicos como *La guía de cocina*, del que todavía se encuentran ejemplares de reciente edición, manchados y arrugados por el uso, en miles de cocinas. Es también el fundador de otro hotel clásico, el Carlton londinense, y el inventor de platos como los Tournedos Rossini.

Un detalle más antes de terminar. Por favor, que el jugo de la Mimosa sea natural y esté colado: en el *brunch*, las fibras naturales rompen con la etiqueta. Y que esté frío, como el vino.

En suma, si vas a envenenarte con jugos de frutas, hazlo con gusto: dales sabor. La Mimosa, a fin de cuentas, goza de popularidad porque es una forma legítima de empinar el codo en el desayuno.

BELLINI Y MIMOSA

BLENDED
Para el ciudadano de a pie

El vino está bien pero el *whisky* es más rápido.
HANK MOODY

¿Qué bebe Archibaldo Haddock, el camarada eterno de Tintín, el mejor de los comparsas de cómic de la historia, el hombre que enamoró al Ruiseñor Milanés, el que convierte cualquier palabra en insulto, el marino que fuma pipa y gasta barbas negras?

No le hace ascos a nada y en algún momento celebra con fervor el hallazgo de unas antiguas botellas de ron, pero el caballero —porque es un caballero— bebe *whisky*, aunque no sabemos de qué tipo. Podemos pensar que un *blended*, pero tal vez sea el momento de hacer una precisión: si llegas a un negocio en Escocia y te encuentras con una botella de Loch Lomond, la marca del capitán, recuerda que la destilería que lo produce lo lanzó a la venta en los años sesenta, mucho después de que debutara el joven reportero, en 1930, como un fervoroso y visionario anticomunista, en *Tintín y el país de los soviets*, e incluso que Haddock, llegado al mundo en 1940, en *El cangrejo de las pinzas de oro*.

Salvo que sea una muy lujosa y muy especial, si entras en una tienda de bebidas alcohólicas y te plantas frente a los estantes de *whisky*, descubrirás que al menos 70% de las botellas es de *blended*; es decir, *whisky* mezclado, no pura malta. Entre los escoceses, son *blended* casi todas las etiquetas de amplia distribución, desde el J&B, con su vocación mal resuelta de traslucidez, hasta la mayor parte de los Johnnie Walker, como el Etiqueta Roja que es el más barato, incluidos el Old Parr, el Chivas Regal o el Ballantine's, y sin excluir las marcas con las que nos descerebramos los mexicanos por ahí de arranques de los noventa, con los inicios del Tratado de Libre Comercio, en los años de miserias universitarias: el Vat 69 o el Passport, garantías de resaca.

La élite del *whisky* es el pura malta o *single malt*, no hay duda, y entre los pura malta, los escoceses, a despecho de los apasionados de las marcas japonesas.

El *single malt*, hecho, como digo a detalle en el apartado correspondiente, con la cebada de una sola destilería, es la bebida que prefieren despilfarradores como Pepe Carvalho, al que debo el conocimiento del muy digno Knockando, impropio de las economías de Estado, anticapitalistas, que tanto defendió su creador. También es la bebida de empresarios mafiosos como el chino de la segunda temporada de *House of Cards*, la serie de Netflix protagonizada por Kevin Spacey, que paga 50000 dólares, si recuerdo bien la cifra, por una botella viejísima de Macallan. Y es la bebida de algunos jefes de gobierno, entre ellos, claro, Churchill, que al parecer no le hacía el feo a ningún trago y que, dicen, tenía preferencias por el decimonónico Mortlach. Cómo culparlos. ¿Te podrías resistir si las mejores destilerías se desvivieran por hacerte regalos, si los restaurantes más lujosos anhelaran una visita tuya con todos los gastos pagados, si se acumularan canastas navideñas enviadas por empresarios, dictadorzuelos con ganas de quedar bien o jefes de Estado? Imposible. Que pongan en fila esos *single malt*, por favor.

Pero no todos los *blended* son bebidas masivas, proletarias, agüitas de uso, como para el diario. Los hay de alto nivel y precio muy elevado que gozan también de simpatías entre los poderosos.

Un *blended* es una mezcla de *whiskies* puros o no puros, y entre ellos pueden incluirse varios muy buenos, para regocijo del maestro destilador que quiera darse vuelo con los ensambles. El caso más llamativo es tal vez el del Johnnie Walker Swing, del que consumía grandes cantidades Kim Jong-il, que por muchos años fue el man-damás de Corea del Norte, y nunca la palabra *mandamás* ha sido usada con tanta justicia. Si no estás al tanto de la política internacio-nal y la historia del siglo XX, tendré que recordarte que Kim Jong-il, nacido en 1942, muerto en 2011, fue el hijo del gran fundador de Corea del Norte, Kim Il-sung, y su heredero al frente del país. Eso lo convierte en la cabeza del que probablemente sea —con la compe-tencia de la Camboya comunista— el más redondo, todoabarcante, radical de los sistemas totalitarios de izquierda, y en el beneficiario, también, de una de las formas de culto a la personalidad más llama-tivas de la historia. No abunda la información sobre Corea del Nor-te, un país blindado al exterior casi sin porosidades. Pero puedes aprovechar para librarte de prejuicios sobre "géneros menores", si los tienes, y pasearte por las páginas de *Pyongyang*, la novela gráfi-ca del canadiense Guy Delisle, que trabajó un tiempo en aquel país y regresó a casa con lo que casi tanto como una novela es un reporta-je o crónica periodística hecho con técnica de cómic.

Si fuera una competencia deportiva, no estaría Kim Jong-il en condiciones de superar a su padre en el escalafón de la megalomanía. Kim Il-sung, que no peleó contra los japoneses aunque se envaneció de hacerlo y que en la guerra de Corea fue barrido por el general Douglas MacArthur (lo rescataron los chinos de la debacle), murió en 1994 en un país atiborrado de campos de concentración, empobrecido hasta extremos intolerables pese a los subsidios de China y la URSS, capaz de invertir aproximadamente la cuarta parte del PIB en armamento. Ya se le conocía como "el Más Sabio del Mundo" y "el Genio de la Creación", entre otros títulos, pero nada más entregar el alma fue embalsamado y convertido en "Presidente Eterno". Por eso, su hijo tuvo que conformarse con los cargos de secretario general del Partido (se entiende que comunista) y presidente de la Comisión de Defensa Nacional, formalmente otorgados por la Asamblea Popular. Tampoco es que haya merecido muchos más. En 1995 su país fue sacudido por una hambruna que mató a una cantidad de norcoreanos oscilante entre los 250 mil reconocidos en Pyongyang y los dos millones que calcula CNN. Pero Kim Jong-il no se inmutó. Mantuvo los campos de concentración y el gasto militar exacerbado, pero hizo lo que pudo para recordarse que él, en realidad, era un artista, un *bon vivant*, un hombre sensible. Cuenta Pedro Aguirre en *Historia mundial de la megalomanía* que el "Querido Líder" atesoraba una colección de veinte mil películas, incluidas —tiene gracia— todas las de James Bond y las de Rambo, así como atesoraba mujeres, de preferencia escandinavas, o producía, no sé si es el término, obras propias. Alguna vez hizo secuestrar al cineasta surcoreano Shin Sang-ok para obligarlo a filmar *Pulgasari*, sobre un monstruo gigante tipo Godzilla que azota Corea del Norte. Hizo todo eso y atesoró, además, alcoholes: hasta diez mil botellas se le juntaron en su humilde casa.

Le gustaban particularmente el coñac Hennessy y el Johnnie Walker Swing. No es que haya sido uno de sus mayores dispendios. Lo sabemos gracias a un testimonio invaluable, el del chef japonés Kenji Fujimoto, que trabajó para él entre 1988 y 2001, cuando escapó para luego publicar *Yo fui el cocinero de Kim Jong-il*. A este le gustaba el atún japonés, del que podía hacerse llevar más de una tonelada. Tampoco se negaba el placer de la langosta o la champaña, que bebió en abundancia durante un viaje a Rusia para digerir mejor el, déjame sorprenderte, asado de burro. Pero el Swing, creado en 1932 y distinguible por una botella con forma de lágrima, muy diferente a las habituales en esa marca, no es uno de los escoceses más caros. Lo puedes conseguir en poco más de cien dólares. Es el tipo de austeridad que se espera de un dirigente de izquierda.

Si hablamos de dirigentes de izquierda, otro también difunto, el venezolano Hugo Chávez, terminó de joderle la vida a su pueblo cuando decidió que el *whisky*, la bebida más popular en ese país de buenos rones, era un lujo de burgueses, que fomentaba el ocio, que era un insulto para la clase proletaria y que era imperativo meterle unas cargas fiscales de antología.

Lo que, claro, perjudicó sobre todo a los que no tienen dinero, es decir, a casi todos los venezolanos, aunque no a su entorno, conocido por el modo en que se ha embolsado el dinero del petróleo. Menos austero es su compadre Fidel Castro, conocido por su glotonería, particularmente cuando se habla de helados, y por su afición a los vinos españoles. La heredó de su padre, un cacique gallego que emigró a Cuba en 1905.

El *blended*, si es de los caros, debes tomarlo a la manera del *single malt*: solo, en vaso *old fashioned*, con el único añadido de un chorrito de agua. Los de calidad menos irrefutable, por decirlo así, resisten otros tratamientos. No creo que sea un pecado, por ejemplo, beberse un *whisky* a la manera yanqui, con el vaso retacado de hielos, al estilo de Frank Sinatra, que se bebía el Jack Daniel's en *highball*, con hielos y agua, e incluso con soda, para acercarlo más a una bebida de calores que al trago de honduras y matices que deberíamos consumir de manera cotidiana. Y es que es sano, como todos los alcoholes. Es la medicina que no venden en las farmacias. Por eso, a contrapelo de las políticas chavistas, es necesario masificar su consumo, democratizarlo, ponerlo en manos de todos los ciudadanos, los ciudadanos de a pie. Es urgente implementar políticas públicas en esa dirección. Con el permiso de mis editores, y a pesar de su advertencia de que este no debe ser un libro marcado por la sucia política, aprovecho esta atalaya para hacer un respetuoso llamado a las autoridades.

BOURBON
Las virtudes del maíz

Una vez, durante la Prohibición, tuve que vivir durante varios días sin nada más que agua y comida.
W. C. FIELDS

Si no está hecho de maíz, no es bourbon. Un bourbon es un whisky producido con no menos de 51% de este grano, aunque es perfectamente normal que dicho porcentaje se eleve hasta 70%, en detrimento del trigo, el centeno o la cebada, habituales en la más gringa de las bebidas alcohólicas.

Tampoco puede ser un *bourbon* si no se escribe con *e*: no es un *whisky* como los escoceses, galeses, canadienses o japoneses; es un *whiskey*, como los irlandeses, que no son los más prestigiosos pero seguramente sí los más antiguos. Un apunte importante: todos los *bourbon* se escriben con *e*, como todos los *whiskies* estadounidenses, pero no todos los *whiskies* estadounidenses son *bourbon*. Hay *whiskey* de centeno y *whiskey* de Tennessee, como el famoso Jack Daniel's, que se parecen pero no son lo mismo.

Por último, es un *bourbon* si proviene de Kentucky, porque en el condado de ese nombre, Bourbon, se dice que nacieron sus primeros antepasados y porque ese estado es todavía el que más y en general mejores *bourbon* produce. Pero no es indispensable nacer en Kentucky para ser un *bourbon*, porque no hablamos de una bebida con denominación de origen, como el coñac o la champaña. El *bourbon* es *bourbon* si nace en cualquiera de los nueve y pico millones de kilómetros cuadrados que posee ese país, e incluso, según leas la legislación estadounidense, puedes pensar que hay o puede haber *bourbon* en otros países, por mucho que nos pese aceptarlo. Hablamos también de *bourbon* si cumple con otros usos y costumbres. Ya te hablé del maíz como ingrediente base, pero es bien visto que envejezca al menos cinco añitos en barricas de roble, aunque en ningún lado esté consignado que sea un requisito.

Luego vienen los matices, casi tantos como las marcas que puedes elegir. En el *bourbon* caben muchas rarezas, y ese es, sobra decirlo, el origen de muchos de sus encantos. Los *whiskies* estadounidenses se hacen comúnmente de tres granos, en diferentes proporciones: maíz, cebada y centeno. Pero el notable Maker's Mark, que se produce desde 1840 y tiene su casa en un pueblito de Kentucky llamado Loretto, sustituye el centeno con una excentricidad: trigo rojo de invierno. Hay otros, como el Knob Creek, que descansan en el barril hasta nueve años, varios más de los habituales, lo que contribuye a la presencia de azúcar en una bebida que de por sí tiende a acaramelada.

Leyendas estadounidenses del consumo de *whiskey* son el gran jefe del género negro Raymond Chandler y su detective Philip Marlowe, a los que dedico unas líneas en el apartado del Gimlet, un coctel que hicieron tremendamente popular. Sin embargo, el Gimlet fue una excepción en sus vidas. Recupero de una crónica publicada por Jordi Soler en *El País* ("El *whisky* de ayer") una cifra que me muero de ganas de dar por buena: en *Adiós, muñeca*, publicada en 1940, Marlowe consume un promedio de dos tragos de *whiskey* (con *e*) por página.

El problema de Chandler, en términos del *hit parade* güisquero de las letras estadounidenses, tiene nombre, premio Nobel y sello de autenticidad sureño. Se llama William Faulkner, ese hijo del poblado de Oxford, en Misisipi, al que se atribuye lo de "La civilización empieza con la destilación" y que nunca tuvo empacho en reconocer que él, como Chandler cuando le tocó escribir para Hollywood, y a diferencia de la mayor parte de los escritores proclives al trago, sí le daba vuelo a la creación bajo estados de avanzada intoxicación etílica.

No todo es literatura en las relaciones del *bourbon* con la creación artística, evidentemente. El mismo Soler, en otra crónica para el periódico español, nos recuerda a un gurú del *blues*, John Lee Hooker, que cuenta en alguna canción la historia de un hombre de corazón roto que entra a un bar en Detroit y pide uno de *bourbon*, uno de escocés y una cerveza, pero varias veces seguidas.

Soler no ofrece el nombre de la canción ni el álbum en que apareció, pero me lleva a preguntar si no es una suerte de precuela de esa que se llama *"Whiskey and Wimmen"*, publicada en un disco de 1965, *Is he the World's Greatest Blues Singer?*, y que dice en algún momento: *"Whiskey and wimmen ain't no good for me / Whiskey and wimmen ain't no good, ain't no good for me / I had a lot of money, and big fine car, but I lost everything I had"* (El *whiskey* y las mujeres no son buenos para mí / El *whiskey* y las mujeres no son buenos, no son buenos para mí / Tenía mucho dinero y un gran coche elegante, pero perdí todo lo que tenía). Suena autobiográfica, sí. Uno quiere pensar que un hombre con la vida de Hooker acabó por perderlo todo, coches y dinero principalmente, entre el *bourbon* y las mujeres. Suena como a vida de blusero de los de vieja guardia. Pero no es muy probable. El señor Hooker, nacido en 1917, muerto en 2001, vio la luz por primera vez en el sureño Misisipi, como Faulkner; fue acomodador en teatros y limpiabotas, cantó *gospel* y acabó por grabar algo más de cien discos, en algunos de los cuales, como *Mister Lucky* o el premiado *Healer*, convocó a sujetos como Carlos Santana, Van Morrison o los chicos de Los Lobos, encantados de entrarle a su mayor honra. Además, le dio cancha como telonero a Bob Dylan, recibió premios, vio crecer una familia con varias ramificaciones (a lo mejor de ahí viene lo de las mujeres de que habla en la canción) y murió viejo. Prueba de que tal vez el *bourbon* sea, como sospechaba Faulkner, medicinal.

Deben ser las virtudes del maíz.

BRANDY
Mejor solo que mal acompañado

En el año '69 dejé el alcohol y las mujeres. Fueron los peores veinte minutos de mi vida.
GEORGE BEST

Brandis son el coñac y el armañac, como son brandis todos los que se llaman así, muy abundantes y que se producen, por ejemplo, en Estados Unidos, en Grecia, donde se llaman Metaxá y son perfumadísimos, y desde luego en España, donde hay dos regiones productoras sumamente fértiles: Jerez y el Penedés.

Todavía hoy se dice: "Vamos a tomarnos un coñac" o, mejor, un *coñá*, a pesar de que es una denominación de origen más francesa que el himno.

Es propio de tierras de vino, y tiene que ser así, porque el *brandy* es un destilado de vino que, a diferencia del tequila, por ejemplo, debe pasar por un periodo de añejamiento, en barricas de roble por añadidura. Entre el *brandy-brandy* y el *brandy* que es el coñac hay diferencias de matiz, pero ya sabemos que en los detalles se esconde el diablo. Fundamentalmente, las diferencias son las clases de uva y el tipo de roble con que se hacen los barriles (el estadounidense que se usa en los brandis-brandis absorbe menos taninos que el *limousin* francés).

Imaginarás entonces que durante el paseo alcohólico que es este libro caminaremos, cuando hablemos de brandis, rumbo a tierras españolas. Tiene sentido. Azorín, uno de los chicos de la Generación del '98, tiene una obra de teatro que se llama *Brandy, mucho brandy*, de 1927, un sainete en tres actos que fue un sonoro fracaso. Lo imaginarás y te equivocarás. Prefiero sorprenderte y pedirte que me acompañes a otra geografía del *brandy*: la colonia Bondojito, en la Ciudad de México.

Barrio duro, la Bondojo, propicio para criar gente que se gane la vida con los puños. Como uno de los grandes boxeadores mexicanos, Rubén Olivares, al que se conoce como el Púas, lo que no deja de ser irónico, porque *bondo*, de donde viene el nombre de su colonia, es una palabra otomí que significa *nopal pelón*.

Nunca fue ni será pelón Olivares, distinguible por una cabellera tupidísima y rejega, un verbo gracioso, barrial, y una biografía de grandes contrastes: fue campeón mundial pluma y gallo, ganó fortunas, hizo películas de ficheras y se candidateó para la Asamblea del DF; también despilfarró hasta el último dólar, perdió varias peleas por su resistencia al gimnasio y sobre todo por su resistencia al alcohol, que era nula: se lo tomaba siempre que se le ponía enfrente, y eso era asunto cotidiano.

Con todo, fue una estrella con el nombre mexicano que llevan tatuadas las estrellas en la frente, un tanto cursi y un tanto grandilocuente: "ídolo". La gente no es que lo respetara o lo admirara, es que lo adoraba y lo quiere todavía. Por eso, un escritor con su buena carga de fama, Ricardo Garibay, decidió hacer un libro no sólo sobre el campeón, sino con el campeón, muy distinto al que al final publicó, una joya de la crónica llamada *Las glorias del gran Púas*, lanzado en 1978. Y es que el libro, como lo pensó, no hubo manera de hacerlo. Pactaron, el Púas y Garibay, una publicación a la manera de *El combate*, en el que Norman Mailer acompaña a Muhammad Ali en su día a día —los entrenamientos, los cara a cara con la prensa, las relaciones con su *entourage*—, hasta la famosa pelea con George Foreman. Se iba a meter una buena cantidad de dinero, eso le dijo el escritor al pugilista, y a este le encantó la idea, porque su vida era costosa. Lo que no entendió Garibay fue que el día a día de Olivares no se parecía en nada al de Ali, un soldado para entrenarse y un musulmán totalmente ajeno al alcohol.

Las glorias… es una crónica casi sin el protagonista, que aparece a ráfagas, intempestivamente, para desaparecer casi de inmediato en cantinas, fiestas privadas, tragos improvisados con algún fan que se lo encontró en la calle, drogas, mujeres.

A pesar de todo, incluso el Púas tenía que rendir cuentas, en sus días de peleador, a la gran tirana, la suprema dictadora: la báscula. En algún momento, Garibay cuenta que Olivares, luego de malentrenar, de no respetar la dieta, de darse a la fiesta, tuvo que concentrarse para lograr, en unos días, físicamente, lo que tendría que haber preparado durante semanas: dar el peso. Eso, en la tradición boxística mexicana, se consigue mediante un largo proceso de ayuno y deshidratación, combinado con salvajadas como ejercitarse, con varias capas de ropa encima, en el sauna. Las horas previas a subirse a la báscula se convirtieron, obviamente, en una pesadilla para el Púas mismo, deshidratado, hambriento, y para quienes lo rodeaban, por la intensidad de su mal humor. ¿Cómo celebró el campeón que había logrado tumbarse los kilitos de sobra? Con una escalada:

primero agua de limón (imagínate ese primer trago), enseguida jugo de naranja, a continuación jugo de carne con unos chiles picados que infusionaron para dar sabor pero después se fueron a la basura supongo que para no provocar inflamaciones, luego cervezas y por fin… ¿Qué? "Coñac", dice Garibay. Pero me quedan dudas.

Quedan dudas porque bien pudo usar Garibay el término *coñac* a la española, como genérico. No podemos descartarlo porque Garibay abundaba en casticismos, pero sobre todo porque el Barretero de la Bondojo era, después de todo, mexicano, y si tú eres mexicano o has vivido en México sabrás que aquí, en ciertos ambientes, el *brandy* rifa. No me refiero a los grandes brandis españoles, los Constitución Plata, los Cardenal de Mendoza o los Duque de Alba de lujo. Me refiero a brandis para consumo masivo, baratones, como el Don Pedro (*Don Peter*, en el afecto de la jerga popular) o el Presidente (*Preciso*), que nacieron para ser mezclados a la manera de rones. Mezclados con refrescos. Con refresco de cola, faltaba más: somos adictos al *chesco*, por algo arrasamos en obesidad y diabetes infantil. Cubas de *brandy*: es una de las aportaciones mexicanas a la coctelería, que Dios nos perdone.

Pero no haré juicios sobre las costumbres de nadie y, en particular, sobre las de Rubén Olivares, que en efecto es una gloria nacional.

Salud, ese mi Púas.

BUÑUELONI
El coctel pirata

No consientas que tus hijos preparen las bebidas: es indecoroso y,
además, siempre echan demasiado vermut.
FRAN LEBOWITZ

*Si todavía no has leído
Mi último suspiro, léelo
ya. Lo escribió un hombre
que no sólo logró ser uno
de los grandes cineastas
españoles, sino también uno
de los mejores cineastas
mexicanos en esos tiempos
que tu abuela recordaba con
estremecimientos.*

Los años de Silvia Pinal y Jorge Negrete, un sujeto que también fue amigo de Salvador Dalí y de Federico García Lorca, e integrante del *dream team* del surrealismo. Hablo de Luis Buñuel, evidentemente. Se trata de un libro de memorias, no de una autobiografía en forma, y por alguna razón decidió escribirlo con Jean-Claude Carrière, que tampoco anda corto de currículum: uno de los guionistas en verdad importantes de la segunda mitad del siglo XX, trabajó con Luis García Berlanga, con Volker Schlöndorff y, desde luego, con el propio Buñuel, en su época francesa: *Bella de día*, *La vía láctea*, *El discreto encanto de la burguesía*, y la lista sigue. Nacido en 1931, seguía activo en 2012.

En el libro, Buñuel habla algo de México, acaso un poco más de España y sobre todo de sus películas, pero también de sus hábitos, a los que algunos llamarían *vicios*. Tiene un capítulo sensacional dedicado al tabaco, al que fue adicto durante toda su vida (de los placeres que le da al olfato y el gusto, sí, pero también de los que ofrece al tacto y el oído), y páginas notables sobre el alcohol, que ingirió cotidianamente, en abundancia y a su manera, muy a su manera.

Español al fin, Buñuel fue bebedor de vino, particularmente de Valdepeñas, con su textura regañona (cierto que la ha perdido en los últimos años), y antes que nada amante de los martinis, que preparaba con pequeñas modificaciones a la receta madre de ginebra pero sin violar su sacrosanto carácter seco (revisa el apartado correspondiente). Además, inventó un coctel, aunque él mismo

acepta que más que un invento es una suerte de plagio, hoy diría-
mos versión pirata, del Negroni.

La versión buñuelesca del coctel conquistó a Audrey Hepburn. Repasemos la lección: el Negroni es un tercio de ginebra,
uno de vermut *rosso* y uno de Campari. El de Buñuel sustituye el
Campari con Carpano Punt e Mes, es decir, un vermut rojo con
un toque de amargura que lo acerca un pasito al Campari, pero
vermut dulce al fin. Lo raro estriba en que un hijo de Aragón,
el pueblo donde nació, tierra de muchas austeridades, seca,
salitrosa en muchos de sus territorios y sin duda en Calanda, le
inyecte dulzor a una mezcla nacida en Italia. Pero no es exactamente así. Bebedor de ligas mayores, a Buñuel su coctel le
gustaba con un octanaje más alto: tres partes de ginebra, dos de
Carpano, una de vermut.

Llena un vaso mezclador con hielo, remueve con una cuchara y líbrate del exceso resultante de agua (líbrate siempre del
exceso de agua, lo que buscas es temperatura). Llénalo con la
ginebra, el Carpano y el vermut. Debes hacerlo en ese orden, pero no me preguntes por qué: en Buñuel, al parecer, el orden de los
factores altera el producto. Remueve con la cuchara y llena un vaso *old fashioned* previamente alimentado con hielo, una rodaja de
naranja y una cereza roja. Bebe. Es casi tan bueno como el Martini.
**Casi: nada es tan bueno como el Martini. En la vida,
quiero decir.**

CALIMOCHO
La bebida que funciona

Un hombre no existe hasta que se emborracha.
ERNEST HEMINGWAY

"Wine and cola? It works" ("¿Vino y cola? Funciona"). No lo digo yo. Lo dijo, generando un pequeño escándalo gremial, Rosie Schaap, que es nada menos que la especialista en alcohol de The New York Times Magazine, donde publica una columna semanal.

No fue ni mucho menos el primer escándalo de su carrera, es preciso decirlo, hecho que ya te indica que la mujer sabe escribir, porque hay que saberlo hacer para llevar el conflicto al ámbito del trago. Tiene un *blog* donde también habla de literatura, aparte de un libro autobiográfico brillante desde el título, *Bebiendo con hombres*, un tatuaje de estrella en el pecho que habrá de provocarte muchas ideas y una afición por el futbol y las copas rebosantes que pueden convertirla en tu mujer ideal. Gracias a ella, toda una autoridad, esta bebida que nació canalla amaga con llegar a la aristocracia de la coctelería.

Quién iba a decirlo. Este plebeyo lleva tiempo en las manos de los españoles que no se limitan a los Riberas del Duero o los Rioja de alta gama, esos que encontraron en la más gringa de las bebidas no embriagantes un remedio a, diría otra vez la Schaap, toda la complicación de la fruta rebanada y demás requisitos de la vieja Sangría. Rápido, instantáneo, veraniego y barato: eso es el Calimocho, que suma a esas virtudes la de un nombre francamente entrañable, señal de que sus orígenes son vascos. *Kalimotxo*, se dice en las tierras del norte. Pero si lleva años en este valle de lágrimas, fue hacia principios de los 2000 cuando se convirtió en un fenómeno mediático, y no por las mejores razones. El Calimocho es la gasolina con que llenan sus tanques los jóvenes españoles que practican el *botellón*, otro término con jiribilla que se refiere a fiestas masivas, básicamente improvisadas, callejeras en el sentido estricto, con las que las nuevas generaciones revientan el cliché del hombre con boina que se acoda en el bar y paladea un *brandy* parsimoniosamente para, en cambio, dejar las calles madrugadoras sembradas de derelictos fiesteros: colillas, botellas vacías, latas arrugadas, líquidos sospechosísimos.

¿Cómo preparas un Calimocho? Un vaso desechable o ningún vaso (la botella de refresco semivacía puede cumplir sus funciones) y un tanto de Coca-Cola por cada tanto de vino de *tetra brick*, preferiblemente tinto. Ese es el canon. Pero hay versiones sofisticadas que recomiendo abrazar si ya cumpliste los 20 años, por aquello del desgaste del cuerpo: vaso de vidrio, hielo, vino de botella, por el amor de Dios, y un toque de jugo de limón.

Como la Sangría, el Calimocho es flexible. Puedes añadir a la mezcla vodka o incluso absenta, como hacen algunos de esos jóvenes kamikazes. Pero no recomiendo esta variante para quien no haya crecido en España. A fin de cuentas, la española es la civilización que acuñó el término *cubata* para distinguir a cualquier bebida —y *cualquier* es aquí el término que hay que destacar— que mezcle la cola con alcohol. "Ponme un cubata de güisqui", se oye frecuentemente en los bares españoles y uno siente cómo se le arrugan, al mismo tiempo, el alma y el hígado.

"Rioja libre" se le llamaba antes a este coctel arrabalero. El término, sin embargo, no ha conseguido lo que *calimocho*: ser aceptado por la Real Academia de la Lengua. La RAE y *The New York Times*: el Olimpo.

CALVADOS
Normando pero no vikingo

Un hombre que no bebe no es, en mi opinión, completamente un hombre.
ANTON CHÉJOV

Es normando, pero normando del norte de Francia, aunque en uno de los libros de Astérix (Astérix y los normandos, que era una forma de llamar a los vikingos, pues eso eran aquellos rubios agrestes), lo vemos llegar de la mano de estos invasores escandinavos que, nos dicen, lo bebían en cráneos humanos.

No hay que creérselo. Es una bebida con denominación de origen controlada a la que, si no otra cosa, habría que reconocerle que dio un uso agradable a la sidra, lo que tiene mérito. Eso es el calvados: sidra destilada, así como el coñac, el armañac, el pisco y el *brandy* son vino destilado. La sidra, como sabes, es en esencia un vino de manzana (los alemanes la llaman *Apfelwein*), pero uno de los tres tipos reconocidos de calvados, el Domfrontais, exige una proporción mínima de 30% de sidra de peras.

¿Cómo debes tomarte un calvados? En términos generales, solo, es decir, *derecho*, para usar terminología mexicana, aunque los normandos de ahora, que lo llaman afectuosamente *calva*, no le hacen el feo a un café potenciado con sus espíritus, a la manera del Carajillo español. Sirve de aperitivo y también para los postres o los quesos pero, si hemos de creer a los que saben, conviene sentarse con parsimonia en un bar o en tu sillón favorito y beberlo con gusto, de a poco, tal vez con una pipa. Lo digo porque si alguien sabe de paladear un calvados es justamente un aficionado a la pipa: el inspector Jules Maigret, ese que inventó el notable George Simenon.

Entre los detectives legibles que han existido, Maigret debe tener el récord absoluto de apariciones: 78 novelas y dos que tres puñados de cuentos. Ojo, no es normando. Es de Auvernia, una región al centro y un poco al sur de Francia, y trabaja como policía en París. Es, acaso, el más dulce de los detectives literarios. Regordete, amante de la buena mesa, casado en santa armonía, ajeno a la violencia y al sarcasmo de los investigadores *hard boiled* de la tradición estadounidense, es firme pero compasivo, y bebe cotidianamente pero no en los límites con la dipsomanía. Le gusta el calvados, sí, y mucho, aunque no le hace el feo a la cerveza y al vino.

Como cualquier detective digno del título, Maigret tiene mucho de trasunto o álter ego de su creador, que fue todo un *recordman*. Belga de nacimiento pero francés por decisión, Simenon vivió 86 años (1903-1989), publicó más de quinientos títulos, debe ser el hombre que aparece en más fotografías con una pipa, tuvo un mal humor como de maestro del Liceo Francés y fue intensamente fiestero y mujeriego. Prueba de que el calvados estimula la generación de riqueza: ha vendido cerca de seiscientos millones de ejemplares.

Tan normanda como el calvados (y como uno de los quesos más taquilleros del mundo, el camembert) es la casa que se compró en esa zona Claude Monet, el primerísimo de los impresionistas, que pintó abundantemente la región. Está por allí *El valle de Falaise, Calvados*, de 1883.

No aparecen ni una botella ni una copa del destilado, pero sí el paisaje que lo hace posible.

CERVEZA
Mejor que el agua

Denme a una mujer que ame la cerveza y conquistaré al mundo.
KÁISER GUILLERMO

Hay por ahí una foto en la que se ve a James Joyce en algún pub, quiero pensar que dublinés, con una categórica pinta de cerveza enfrente. No era su bebida de cabecera aunque es de suponerse que algunas cervezas trasegó, puesto que era irlandés.

No es la única figura literaria proclive a esta bebida. Ahí está el inspector Maigret de George Simenon, que no deja pasar día sin beberse al menos una. Así como Charlie Parker, el inspector de las adictivas novelas de John Connolly, homónimo del genio del *jazz*, que tras una larga abstinencia, luego de los asesinatos de su mujer y su hija derivados en una muy entendible caída a los abismos, vuelve a permitirse alguna indulgencia espumosa. Y están dos personajes que, si no son literarios, se hallan a una rayita de serlo: Hellboy y Homero Simpson.

Hellboy fue un magnífico personaje de novela gráfica, inventado por el californiano Mike Mignola, antes de convertirse en un magnífico personaje de cine gracias a Guillermo del Toro. Homero... Bueno, Homero es Homero: no vamos a insultarlo con una presentación que no necesita. Son la aristocracia de la cultura gráfica popular, uno en el terreno de la fantasía y el terror, el otro en el de la sátira en la mejor tradición estadounidense, que es muy buena. Y son dos récords vivientes de consumo de cerveza. Hellboy la usa a la par que esos enormes puros que mastica casi tanto como fuma. En las dos películas que ha protagonizado, *Hellboy* (2004) y *Hellboy: el ejército dorado* (2008), Del Toro lo hace beber latas de cerveza Tecate, mexicanísima, que arruga como papel de china. Homero, que en algún capítulo, cuando lo interroga el médico sobre cuántas cervezas bebe, pregunta antes de responder si el *whiskey* cuenta como cerveza, es adicto a la Duff, una marca exclusiva de la serie hasta que Rodrigo Contreras, jalisciense como Del Toro, decidió hacerla real. Pero, personajes ficticios al fin, Homero y Hellboy compiten con ventaja. Mérito real es el de un escritor que en pocos días llenaba contenedores con cadáveres de cerveza: Stephen King.

King es, sí, el exitosísimo responsable de unas cuantas novelas de terror, muchas convertidas en guiones de cine y televisión de parecido éxito. Tal vez recuerdes a Paul Sheldon, el escritor que en *Misery*, la película de Rob Reiner basada en la novela de King, interpreta James Caan. Antes de caer en manos de la enfermera psicopática que lo someterá a cualquier cantidad de vejaciones (Kathy Bates), lo vemos en el acto de rematar una nueva novela que festeja con un cigarrillo y una copa que sólo se permite en esas ocasiones. Esos permisos no puede dárselos King, que antes de rehabilitarse daba cuenta de una caja de latas de medio litro de Miller Lite que servían para apagar el fuego de la cocaína y el tabaco, otras dos adicciones.

No está bien visto elogiar a un *best seller*, pero el libro donde cuenta esta historia, *Mientras escribo*, es una joya bajo cualquier criterio.

Muchos autores del Olimpo literario quisieran para una tarde su mirada irónica, su talento memorístico y su claridad para transmitir consejos de escritura.

Sólo hay un posible competidor para King en el ámbito de la espuma. Es Charles Bukowski, el borracho número uno de la literatura mundial, la estrella más automarginada de la historia de la narrativa y un hombre ajeno a cualquier sutileza cuando de alcohol se trata. Aunque en *Barfly*, la película dirigida por Barbet Schroeder y estrenada en 1987, vemos al protagonista, Henry Chinaski, encarnado en un notable Mickey Rourke, con varios *whiskeys* en la mano, los chicos de *Hemingway & Bailey's Bartending Guide to Great American Writers* aseguran que Bukowski, escritor autobiográfico donde los haya, podía tomarse hasta treinta cervezas en una jornada de bar, de las seis de la mañana hasta que cerraran. Les creo. Dice el autor en un poema: "No sé cuántas botellas / de cerveza consumí / mientras esperaba que las / cosas / mejoraran. / No sé cuánto vino, *whisky*, cerveza, / principalmente cerveza / consumí después / de haber roto con una mujer / esperando que el / teléfono sonara, / esperando el sonido de los pasos, / y el teléfono no suena / sino mucho más tarde / y los pasos no llegan / sino mucho más tarde".

La cerveza lleva muchos siglos entre nosotros, por fortuna en muchas presentaciones más dignas que las que se empujaba King en largas noches de trabajo de las que, asegura, en muchos casos no recuerda literalmente nada (jura no tener recuerdo alguno de cómo escribió *Cujo*, la historia del perro asesino).

El proceso de elaboración no es de los más complicados en la enorme familia del alcohol, pero tiene sus exigencias. Se trata, básicamente, de fermentar algún cereal, normalmente cebada, con agua y levadura, para luego aromatizarlo con diversas plantas, la más común de ellas, el lúpulo, una flor encantadora y gentil que además de equilibrar los sabores le echa una mano a la fermentación y sirve como antiséptico. En algo muy parecido a su forma actual, la *chela*, la *cheve*, la *serpentina*, la *cerbatana* empezó a producirse en la baja Edad Media alemana, pero si te gusta el vértigo de los tiempos puedes decir que los egipcios y los sumerios ya se la tomaban con placer en versiones menos sofisticadas.

Las variedades de cerveza son inagotables. Las hay de alta fermentación, como la Weizenbier que hacen los alemanes del sur con trigo, y de fermentación baja, como las Lager o las Pilsener. Las hay oscuras, claras, ambarinas y oscurísimas. Algunas tienen denominación de origen. Las hay nacidas en Alemania, claro, pero también en Bélgica, probablemente el país con una variedad más amplia, en Inglaterra, con casos como la Old Ale o la Pale Ale, y en Irlanda, como la Stout, negra como la tinta, según habrás comprobado el día que probaste la famosa Guinness y no volviste a ser el mismo. Se suelen beber frías, pero las hay que exigen temperaturas medias o medias altas.

Y es sanísima. No lo digo yo. Lo dijeron los expertos que, en el VI Simposio Europeo en Cerveza y Salud, nos dejaron caer la noticia de que es un método irreprochable de hidratación para aquellos que, como tú, gustan del deporte de alto rendimiento. No en cantidades "stephenkingnescas", desde luego. Dos tercios es la cantidad recomendada, es decir, dos botellas o latas de tamaño estándar, 666 mililitros. El descanso después del partido de futbol de los sábados no volverá a ser lo mismo. Gracias, amigos del simposio. Nos obsequiaron el mejor regalo posible: una coartada.

Tan buena como el agua, así dice el equipo de especialistas. Mejor que el agua, digo yo, por aquello del sabor y, sobre todo, de la sonrisa incontenible que te dibuja en el rostro asoleado ese primer trago burbujeante, dulce de tan amargo, cariñoso en su ríspida austeridad. Una sonrisa a solas, porque, ya lo viste con Bukowski, la cerveza sirve para esperar.

C̄HAMPAÑA

La princesa

Alguna sabandija se llevó el corcho de mi almuerzo.
W. C. FIELDS

Hay personas con un don inigualable para ensombrecer cualquier cosa, A la ciudad de Roma, por ejemplo; incluso a la ciudad de Roma con una copa de champaña en la mano. Fue una revelación, o algo parecido.

Estaba en un café de la Piazza della Rotonda cuando le cayó encima la pregunta, con la respuesta adosada: "¿Qué tiene esta ciudad? Solamente miles de años de muerte. El centro de la civilización occidental irradia una sensación de muerte, violencia y decadencia". Nacido David DeCesare en 1945, criado en Nueva Jersey en una familia de italoamericanos originarios de Nápoles, hijo de una madre decididamente autoritaria, *fan* del cine clásico de gángsteres, el "cine de arte" europeo y también el de Francis Ford Coppola y el de Martin Scorsese, tenía ya un buen camino andado en la televisión, un medio que despreciaba y al que todavía hoy, después de elevarlo al estatuto de arte y de renovar así la cultura contemporánea, se refiere con gran escepticismo. Tenía eso y una sensación profunda de vacío, de sinsentido, como se puede ver. Era momento de hacer algo. ¿Ir a terapia? Sí, pero también hizo *Los Soprano*, con el nombre que le conocemos y con el que ha firmado sus trabajos televisivos: David Chase. Una serie llena de sinsentido, que trata, sobre todo, de la lucha por llenar el vacío, que es lo que distingue al promiscuo, glotón, cruel, cariñoso y pragmático Tony Soprano, el mafioso que va a terapia.

La historia de Chase es poco habitual. Lo que para la mayor parte de los escritores es la Meca para él era una piedra en el camino. Quería hacer cine, pero la televisión lo llamaba, lo distraía: tenía y tiene demasiado talento como para que lo dejaran ir. Cada programa piloto que redondeaba lo partía en dos, una

mitad de su alma penumbrosa llena de ansias por que la nueva serie prosperara y la otra con el deseo de que no, de que se
fuera al cementerio de los programas piloto, donde gobierna
la desmemoria, para que él pudiera, por fin, hacer una película.
Pero *Los Soprano* tenía que existir. Primero, porque la madre
de Tony, el protagonista, se parecía mucho a la suya, aunque
no tengamos evidencias de que haya intentado hacerlo matar.
Luego, porque la serie transcurre en Nueva Jersey, el mapa de
su infancia, y sobre todo porque era, por fin, la oportunidad
de hablar de la mafia, una de sus obsesiones. Es una serie muy
personal, si me permites que use otra vez términos de crítico
pretencioso. El caso es que todo empezó en un café romano
con una champaña. Un uso raro para una champaña, conviene
decirlo.

Porque a la champaña se le vincula con la fiesta y la celebración como por acto reflejo: exactamente al contrario que
el *whisky*, introspectivo y relajante, es la bebida social por excelencia. Nació aristocrática, a diferencia del ron o la ginebra.
Es un vino espumoso, como todos sabemos, y aunque en sus
versiones rupestres se produce desde hace bastantes siglos, le
atribuimos a un monje benedictino, Dom Pérignon, el llamado
método champenoise, que consiste, antes que nada, en una primera fermentación en barrica seguida de otra en botella, a la
que se le añaden azúcar y levadura. Las botellas, famosamente,
se embodegan con una inclinación de 45 grados para que los se-

dimentos resbalen hasta el corcho, y se les hace girar 90 grados un par de veces al día. El proceso termina con el congelamiento del cuello de la botella para retirar los sedimentos y la aplicación del corcho con forma de hongo que conoces sin duda de alguna noche recordable. Luego, otro periodo de descanso en la botella, muy variable según la casa que produzca el caldo y el precio al que quiera cobrarlo.

No es que la champaña tenga denominación de origen controlada: es que es la denominación de origen controlada por excelencia. Se produce únicamente en la región de ese nombre, en el noreste de Francia, y es un negocio redondito: las existencias están vendidas incluso antes de salir a la calle y la lista de espera de compradores es larga.

Nunca fue barata. En el siglo XVII, cuando el monje benedictino teóricamente dio origen a este vino como lo conocemos, ya se consumía en las cortes de Inglaterra y de Francia. Y nunca fue un pura sangre. En eso también parece estar en las antípodas del *single malt*. Si este, para merecer el nombre, tiene que estar hecho exclusivamente de cebada proveniente de la misma destilería, la champaña suele agradecer el mestizaje. Es un vino para ensambladores. Si quieres convertirte en uno, debes aprender a contrapuntear, equilibrar y neutralizar las características de varios vinos con añadas diferentes y uvas de diversos tipos, aunque suelen dominar la *chardonnay* y la *pinot noir*. Pero hay excepciones, como la *blanc de blancs*, que está hecha totalmente de *chardonnay*.

O como la más interesante y más arriesgada de las excepciones. A veces, muy de vez en cuando, el enólogo de una casa productora se la juega al todo o nada y le apuesta a la pureza: si decide que un año particular la uva luce especialmente propicia, se opta por hacer una edición con añada. Las botellas de champaña, en general, no están fechadas, por razones obvias; estas sí. Prepárate a dejar la cartera. Y el reloj. Y hasta las escrituras de tu casa.

Me tocó probar el Vintage 2003 de Dom Pérignon, una apuesta de Richard Geoffroy, el enólogo de esta marca, un hombre con su punto de provocación en todo lo que hace. Fue una producción mayúscula: dos cenas con degustación de champañas de la casa, la última en el palacio de Versalles y precedida por una puesta en escena de Bob Wilson, uno de los directores escénicos más famosos y controversiales de los últimos años, con música de Alexandre Desplat, que colecciona nominaciones de la Academia como quien colecciona calcetines, y al piano Lang Lang, un *enfant terrible*, a su modo un *rockstar* y sin duda un virtuoso mayor de la música clásica reciente. Habrá salido caro, pero vender una botella a 250 euros permite hacer esas cosas.

Es muy propio de los ambientes champañeros adoptar ese aire de sofisticación cultural. Los mismos amigos de Dom Pérignon tienen una edición limitada que firma el director de cine David Lynch, el polo opuesto de Chase con los mafiosos gordos que se empujan botellas de *chianti* para enjuagarse los cuatro kilos de pasta de la cena y mandarriazos de *whisky* no tan fino en la barra del Bada Bing, entre chicas cargadas de implantes y buena disposición.

Desde luego, las otras marcas tienen su respuesta. Así, Moët & Chandon echa mano de *El gran Gatsby* de F. Scott Fitzgerald, y Roderer te remite constantemente a las referencias literarias y fílmicas, abundantísimas, de su producto bandera, que es el Cristal: una champaña inventada en el siglo XIX para el zar Alejandro II y emblema entre los emblemas de la celebración. Ahí están Amélie Nothomb, Truman Capote, que no parece haber dejado de lado ninguna bebida en sus libros, y hasta Quentin Tarantino, que le da cierto protagonismo en *The Man from Hollywood*, uno de los cuatro cortometrajes que componen *Four Rooms*, en el que se deja ver otro de los clásicos entre los *bon vivants*: el famoso encendedor Zippo, protagonista de una apuesta para quitar el aliento y con el aliento, literalmente, un dedo.

Pero lo dejo ahí para no quemar la historia más de lo que ya la quemé. Añadiré nada más que el dedo era importantísimo para sostener la copa, y que esta hace mucho que no es como la que sostiene Leonardo DiCaprio en la publicidad de la última versión de *El gran Gatsby*, la que dirige Barz Luhrmann, un cineasta australiano que se distingue, entre otras cosas, por el modo francamente inusual en el que mezcla retratos de época con detalles voluntariamente anacrónicos, en especial, la música (échale un ojo a *Moulin Rouge*). Pero no hay anacronismo en ese detalle. No se bebe ya pero sí se bebía entonces la champaña en esos recipientes achaparrados, circulares, bajitos, que dejan escapar las burbujas y los olores mucho antes que las nuevas copas de flauta, altas, estilizadas, delgaditas. Hasta una princesa como la champaña tiene que romper de vez en cuando con ciertos patrones.

CHAMPAÑA

CLAVO OXIDADO

Whisky al cuadrado

Siento pena por la gente que no bebe, porque cuando se levante por la mañana, ese será el momento del día en que mejor se sentirá.
DEAN MARTIN

Whisky con whisky, o sea whisky al cuadrado, eso es el Rusty Nail, un coctel nacido en la turbulenta década de los sesenta y que quienes saben de estas cosas lo recomiendan enfáticamente para después de una comida sustanciosa.

Este coctel sencillo y profundo tiene su potencia y sus propiedades digestivas. Lo preparas con una medida de *scotch*, y te pido por favor que en este caso evites los pura malta carísimos que tienes en la bodega, porque basta un *blended* decoroso, y una de Drambuie, que es un licor ya antiguo —se inventó en la Inglaterra del siglo XVIII para el príncipe Carlos III— compuesto de *whisky*, hierbas, especias (percibirás la nuez moscada salvo que hayas fumado sesenta cigarrillos diarios en los últimos diez años) y miel. Pero en este terreno hay también controversias: los que rehúyen los sabores dulces metidos en un vaso apuestan a un dos por uno a favor del escocés. Lo suscribo.

Como bebida sesentera, se atribuye al Rat Pack haberla consumido en cantidades importantes y por lo tanto haberla hecho popular. Seguro que sí. Sabemos que Sinatra ingería grandes volúmenes de Jack Daniel's, que usaba además para brindar con el público desde los escenarios de Las Vegas, así que sus compañeros de balandronadas seguramente le pegaban con fe a este coctel, igual que a tantos otros: te reto a encontrar diez fotos en las que no salgan con un trago en la mano. Tal vez no sea el caso de Dean Martin, un bebedor moderado, pero sin duda es el de Peter Lawford, más *playboy* y briago de ligas mayores que actor, famoso también por ser cuñado de John F. Kennedy; supongo que es el caso de Sammy Davis, que dijo la gran mentira de que el alcohol te da una infinita paciencia para la estupidez, y probablemente de Judy Garland, la ex niña estrella, madre de otra chica de excesos como Liza Minelli, que le pegaba al trago como si se fuera a acabar para siempre.

Y es que el Rat Pack tenía entre sus principios rectores el de no dejar pasar la oportunidad de beber. Lo fundó Humphrey Bogart en los años cincuenta y no tardó en sumar al joven Sinatra, que se la habrá pasado muy bien en esa curiosa sociedad secreta compuesta por personas ricas, famosas, guapas, elegantes, bebedoras y demócratas, como él. En el orden al *bat* inicial estaban Lauren Bacall, la joven señora de Bogart, y la Garland, pero con cierta frecuencia se dejaban caer Marilyn, David Niven o Shirley McLaine. A la muerte de Bogart, Sinatra se volvió el patriarca de la agrupación, que fue el emblema de los años sesenta. Con él llegaron Lawford, Martin, Davis y el inofensivo Joey Bishop, el único que no salía de noche; un plomazo.

Si hablamos de fiesteros y de *playboys*, hablemos de *Playboy* o, mejor, de su inventor, Hugh Hefner, una de las escasas figuras públicas que podrían competir para emblema de los sesenta con Sinatra y los suyos. Se dice que su trago, el trago del más caradura de los promotores de la revolución sexual, el hombre que escribe en la cama pipa en mano y que a sus 88 sigue a la caza de *playmates* dispuestas a casarse con él, el que desnudó a la Monroe para bien de todos nosotros, era el Rusty Nail, el Clavo

Oxidado. Tal vez, tal vez no. Lo cierto es que hay una versión de este coctel que lleva su nombre. En un vaso corto, dejas caer un tanto de *whisky*, otro de Drambuie, soda, unas hebras de romero, hielos y, fíjate nada más: humo de tabaco rociado desde un atomizador. Bebida sesentera por excelencia, o de homenaje a los sesenta: tabaco y alcohol. Qué tiempos.

Bébete el Hugh Hefner, por favor, rigurosamente vestido con saco y corbata.

CÓCTEL DE CHAMPAÑA

Amargo y chispeante

Cuando se comete un delito bajo lo que incorrectamente se describe como "influencia" de la bebida, el delincuente debería ser castigado dos veces (si ello es posible): una por la mala acción y otra por el mal uso de una entidad inocente obligada a revelar la auténtica naturaleza del individuo.
GEORGE SAINTSBURY

Dorothy Parker no está sola. Hay una cofradía de escritores (aunque no sólo de escritores), la mayor parte de ellos en lengua inglesa, convencidos de que el optimismo no sólo es injustificable sino, sobre todo, de mal gusto.

También están convencidos de que las relaciones amorosas son carreras de cien metros y no maratones, de que la reciedumbre en las convicciones políticas siempre es una mala señal, y de que la amistad es una virtud que debe cultivarse pero a la que no se debe hacer propaganda, porque no se debe hacer propaganda a nada.

Es una cofradía de sujetos que sólo pueden expresarse mediante el *wit*, esa forma alquímica del humor que consiste en transmutar la melancolía en una mezcla de cinismo e ironía, es decir, el amargo en ácido, y que seguramente fundó Oscar Wilde.

Entre ellos, se encuentran Wilde, H. L. Mencken, Ambrose Bierce, Bernard Shaw a pesar de su fe socialista, Evelyn Waugh a pesar de su catolicismo, el músico y comediante Oscar Levant que no bebía, el cómico W. C. Fields y, sin duda, Fran Lebowitz, la nueva reina de la mala leche neoyorquina que de muchas maneras es la discípula de Dorothy Parker, aunque mucho menos delicada: Parker no se la pasó muy bien y cuando se la pasó bien tuvo el buen gusto de no decirlo. Se casó tres veces con dos maridos, fue neoyorquina hasta el tuétano, aunque nació en la Nueva Jersey rural casi por accidente y alcanzó un respetable éxito en Hollywood hasta que la pusieron en la lista negra del senador McCarthy. Publicó por primera vez en la ya legendaria *Vanity Fair*, pasó por *Vogue, The New Yorker* y *The New Republic*, uno de los bastiones del liberalismo estadounidense (en el sentido que se da al término en esas tierras, parecido a *progresismo*) y logró vender casi cincuenta mil ejemplares de su primer libro, *Enough Rope*, que publicó en 1926, lo que tiene mérito porque es una obra de poesía. Y sí, cultivó la amistad o algo que se le parecía mucho. Fue parte de la famosa Mesa Redonda del Algonquin, una tertulia que se reunía sistemáticamente para el *lunch* en el hotel de ese nombre y que incluía a habituales como el actor y humorista Robert Benchley, que empezó a beber tarde, a los 31, en compañía de Scott Fitzgerald, para no detenerse nunca, o como George S. Kauffman, que escribía para los hermanos Marx, y a muchos esporádicos, entre ellos la actriz Tallulah Bankhead, estrella hollywoodense de una promiscuidad legendaria (es sabido que al salir del hospital donde se internó por una enfermedad venérea le dijo al doctor: "No piense que esto me enseñó una lección"), y el propio Harpo, del clan Marx.

Eran buenos tiempos para la cultura estadounidense, que resistía los embates del conservadurismo representado sobre todo en la Prohibición, vigente desde 1920 hasta 1933 y que desde luego no logró impedir que bebiera con fe el grupo del Algonquin, que se rebautizó como El círculo vicioso. Particularmente, no se lo impidió a Dorothy Parker. Lee su poesía, mejor, si lo puedes hacer en inglés. Comprenderás esa tristeza que nunca se toma en serio, esa cadencia sin pretensiones, como que no quiere la cosa, esa sensación de que la poeta te guiña el ojo con una complicidad discreta y escéptica. O los cuentos, que tan importantes fueron para darle personalidad a *The New Yorker*, tan cargados de soda cáustica, con frases rápidas como puñaladas discretas. "El dinero no es problema —decía—. Sólo quiero lo suficiente para mantener separados el cuerpo y el alma". "Rasca a un actor y encontrarás a una actriz". "Esa mujer habla dieciocho idiomas y no puede decir que no en ninguno de ellos". "No me importa lo que digan de mí en tanto no sea cierto".

¿Te extraña que bebiera continuamente? Lo intentó con el *whisky* y con la ginebra, sobre todo con el Tom Collins pero también con el Martini, al que dedica unos versos: *"I like to have a Martini, / Two at the very most. / After three I'm under the table, / after four I'm under my host"*. Es una confesión que representa un consejo no asumido como tal y que no traduciré por respeto a la poesía, pero con la que nos quiere decir: martinis, uno, dos como máximo; después de tres, Dorothy acabaría debajo de la mesa; después de cuatro... Supongo que está claro. Su complexión menudita no le permitía demasiadas proezas alcohólicas: se descomponía. Así que optó por esa forma de la mesura que se llama *coctel de champaña*.

Tomas una copa champañera de las que tienen forma de flauta, pones en el fondo un terrón de azúcar con unos toques de amargo de angostura y llenas la copa con vino espumoso; adornas con piel de limón o tal vez de naranja.

Jorge Luis Borges comparó la literatura de Oscar Wilde con la champaña. La de Dorothy Parker es justo como su trago: elegante, casi minimalista, amarga, dulce y, sobre todo, chispeante.

COÑAC

El aristócrata decadente

Nunca bebo algo más fuerte que el coñac antes de las once de la mañana.
TRUMAN CAPOTE

¿Cómo demostraban los mandamases de la Revolución mexicana que habían triunfado, que las armas los habían rescatado de la miseria para convertirlos en hombres prósperos, que al menos a ellos la bola sí les había hecho justicia? Bebiendo coñac.

Puedes comprobarlo en las páginas de *La sombra del caudillo*, de Martín Luis Guzmán. Sabía de lo que hablaba: se levantó contra el régimen porfirista en 1910, apoyó al presidente Francisco I. Madero, conoció a todo el santoral revolucionario durante el levantamiento contra el usurpador Victoriano Huerta y lo retrató sin piedad en *El águila y la serpiente*, formó parte del gobierno interino de Eulalio Gutiérrez entre 1914 y 1915, fue brazo derecho de Pancho Villa y se exilió dos veces en España y Estados Unidos —de 1914 a 1920 y de 1924 a 1936—, antes de volver al país con Lázaro Cárdenas. En definitiva, conocía a los viejos revolucionarios y, en general, los despreciaba, les temía, o ambas cosas a la vez.

La sombra del caudillo la publicó en España en 1929. Un año antes había puesto en las librerías *El águila y la serpiente*, sus memorias revolucionarias y, al parecer, primera parte de una trilogía. Pero a Madrid le llegaron las noticias de la llamada Masacre de Huitzilac, una matanza de conspiradores con la que el tándem siniestrísimo de Álvaro Obregón —el presidente que lo obligó a exiliarse— y su secretario de Gobernación, Plutarco Elías Calles, al que este había elegido como sucesor, se libró de una inminente algarada militar que encabezó Pedro Serrano, secretario de Defensa, antiguo protegido de Obregón y enemigo acérrimo de Guzmán, al que intentó pasar por las armas. Así que el joven escritor cambió de planes y tejió una versión novelada de aquel espanto, rigurosamente apegada a los hechos salvo por dos detalles: asignó nombres inventados a los protagonistas y movió el escenario de la carnicería de Morelos a Toluca, en el Estado de México. El resultado es una obra maestra que redondea un retrato terrible de aquellos hombres, sujetos corruptos, implacables, astutos, que quemaban las noches en prostíbulos que sólo abandonaban cuando la botella de coñac, *su* botella de coñac, estaba vacía; un coñac del que plausiblemente no sabían nada salvo que emborrachaba pesadamente y era caro.

No sabían, por ejemplo, que el coñac es un *brandy*, pero un *brandy* con denominación de origen controlada que sólo puede llamarse *cognac* cuando es producido en la zona templada del mismo nombre, en el departamento de Charente, al centro, un poco abajo y un poco a la izquierda del mapa francés. No es ese el único requisito que debe cumplir: tiene que ser producto de una doble destilación en un alambique de cobre de cierta clase y añejado por no menos de dos años en barricas de roble que no hayan contenido otro tipo de bebida.

El coñac sigue vivito y coleando, pero desde hace unos años ha cedido protagonismo al *whisky single malt* como bebida de élite, esa con la que se corona la comida para celebrar la película que te llevará al Óscar o el tratado internacional que firmaste con una Mont-Blanc. Es, o al menos fue, en efecto, el típico trago de políticos poderosos. Leí hace algunos años en una pared de la Facultad de Filosofía y Letras de la UNAM una frase que me hizo sonreír a pesar de que no había terminado de desprenderme de mis veleidades izquierdistas y del ciniquérrimo colonialismo que delata:

> *"Nos dividimos el Oriente Medio*
> *con un puro en una mano*
> *y un coñac en la otra".*

Ignoro si la frase es apócrifa —no he logrado dar con la fuente y vaya que lo he intentado—, pero pertenece a un honesto consumidor de coñac, fumador de puros empedernido, premio Nobel de literatura, sin el que este libro sería mucho más pobre: Winston Churchill.

No era hombre de gustos baratos. Le gustaban el tabaco cubano —tanto que logró que se diseñara un formato de puro con su nombre, apto para bolsillos llenos y pulmones de atleta— y su maridaje más caro, el Louis XIII de Rémy Martin, una casa productora que empezó sus andanzas en el primer cuarto del año 1700 y que te suele pedir unos dos mil y pico dólares por una de las botellitas que adornaban la cava del *premier* británico que derrotó a Hitler.

Fue Churchill uno más entre los muchos mandamases que se dieron a esta afición nada barata. El más famoso, puede suponerse, fue Napoleón, del que una versión probablemente también apócrifa asegura que se llevó varios barriles de Curvoisier al exilio en Santa Elena, que en ese caso le habrá resultado mucho más llevadero. Lo cierto es que si al coñac más joven, ese que puede tener dos años de añejamiento pero no menos, se le llama VS y al que tiene un mínimo de cuatro se le llama VSOP, al que tiene por lo menos seis puede llamársele XO u Hors d'age, pero también Napoleón. Por algo será.

COSMOPOLITAN
Bebida de estereotipos

Yo no soy una escritora con un problema de alcoholismo. Soy una bebedora con un problema de escritura.
DOROTHY PARKER

Tienes en las manos un libro muy testosterónico, aunque tal vez no podía ser de otro modo. Que las mujeres beban socialmente no es nuevo, pero el mundo del alcohol, como tantos otros, ha tenido un sesgo excesivamente masculino, por no decir decididamente machista.

Beber es, también, alardear de que se bebe, en general, y por suerte, con humor: la adolescencia eterna del ente masculino. Alardear es lo que hacía el comediante W. C. Fields cuando decía: "Siempre llevo encima una botella de *whiskey* para las morde-duras de serpiente. También es recomendable llevar siempre en-cima una serpiente". O Capote, Hemingway, Humphrey Bogart, Hunter S. Thompson, con las varias frases de autocomplacencia alcohólica que dejo caer en estas páginas.

Porque es demasiado propenso al machismo, el gremio de los bebedores es igualmente proclive a catalogar genéricamente las bebidas. *¿Bourbon* o escocés derecho, Martini Seco, coñac, zam-bombazo de mezcal? Bebidas para chicos.

¿Appletini, coctel de champaña como los que le gustaban a la gran Dorothy Parker, Baileys en las rocas? Bebidas de chica. ¿Te imaginas a Bogart con una copita llena de algo azul o decorada con una flor?

En este universo de prejuicios —muchos de ellos dignos de la posteridad—, el nuevo coctel femenino por excelencia, más bien reciente (de los años noventa), pero con cierto estatus de clásico instantáneo, es el Cosmopolitan. No es para todos los paladares pero es fácil de hacer.

Llenas la coctelera de hielos, añades unos cuatro centilitros de vodka de ese que sabe a limón (el muy sueco Absolut Citron es fácil de encontrar), un centilitro o dos de Cointreau, algo equivalente de jugo de limón fresco y más o menos el doble de jugo de arándano. Agitas, sirves en una copa tipo martini con una cereza como adorno y te acuerdas de la "higadesca" Carrie Bradshaw, esa escritora de la serie *Sex and the City* que interpreta Sarah Jessica Parker con tres constantes: la copa rojiza en una mano, un lamento por las dificultades del amor en los labios y unos zapatos de seiscientos dólares en los pies.

¿Recuerdas la serie? Duró seis temporadas, entre 1998 y 2004, y rompió sin duda paradigmas, aunque no tardó en convertirse en una repetición insoportable de nuevos paradigmas. Se centra en cuatro mujeres esencialmente solteras, amigas de hierro, decentes, sin hijos, exitosas en el plano profesional y no sólo libres en el terreno sexual sino incluso, en el caso del personaje de Samantha, interpretado por Kim Cattrall, sexualmente voraces, que funcionaron como el reverso de las mujeres de los mafiosos de Nueva Jersey que vemos en *Los Soprano* y, si se quiere tensar la liga, como las herederas de esas que, en *Mad Men*, se abren paso en el mundo profesional como pueden, entre hombres de arraigado machismo, condescendientes, insufribles. Cuatro féminas que se han convertido en (o han sabido retratar) figuras casi arquetípicas de una mujer urbana, productiva, brillante y sensual. Es ahí, en la muy urbana Manhattan, en bares súper *cool*, donde vemos el sempiterno Cosmopolitan, tal vez como un recordatorio de que la lucha por la igualdad de la mujer es irreprochable en todos los ámbitos salvo, tal vez, el de la coctelería: el mal gusto para el alcohol no respeta sexos.

CUBA LIBRE O, SIMPLEMENTE, CUBA

Nacida canalla

Sin duda no hay nada que calme tanto el espíritu como el ron y la religión verdadera.
LORD BYRON

"Dile que me prepare una Cuba antes de que me enamore de ella", dice, estoy casi seguro, un personaje de La guerra de Galio, la novela de Héctor Aguilar Camín, publicada en 1990.

Corrían malos años para la reputación del ron. El viejo priismo había dejado la silla presidencial a uno nuevo, más convencido de las ventajas del comercio libre, de fronteras abiertas y tratados multinacionales, y los anaqueles mexicanos, venturosísimamente, se habían llenado de productos importados, entre ellos, de *whiskies*. De los muy caros: los pura malta, pero también de los no tanto. Era momento de decir adiós para siempre a las cubas libres con que nos descerebramos en los años ochenta, hechas de rones infames (hasta el Bacardí blanco era un lujo en aquellos años de precariedad estudiantil) e incluso de cosas peores, como un brebaje llamado Richardson que no era ron ni *brandy* y que costaba la tercera parte que el "Bacacho".

Tal vez los malos años para la reputación del ron hayan sido casi todos. Eso lo aprendí de un notable escritor y editor, el colombiano Mario Jursich, que es además un cultor del ron. De él aprendí que el ron nació canalla, un hecho que no es común a todas las bebidas, como sabe cualquier aficionado a la champaña, nacida entre sábanas de seda. En su "Memoria feliz de un bebedor de ron", publicado en la revista *El Malpensante*, cuenta cómo esta bebida apareció en el Caribe, presumiblemente en Barbados, hacia la mitad de 1600, como un modo de aprovechar el azúcar, que producía un líquido potentísimo y en absoluto refinado, para consumo masivo, muy barato, bueno para los peones de plantación. O para los piratas, un lugar común que tal vez debamos a Robert L. Stevenson, el caballero que escribió *La isla del tesoro*, y que se hace extensivo a todo el universo bucanero literario, fílmico y televisivo, incluida la saga de *Los piratas del Caribe*, en la que Johnny Depp casi logra que su personaje, Jack Sparrow, huela a ron a través de la pantalla, y la serie *Black Sails*, de la cadena Starz, en la que podemos ver a la dueña de la taberna-prostíbulo en el acto de rellenar las botellas con los fondos de los vasos, un detalle de falso costumbrismo, porque resulta inverosímil que uno de aquellos chacales del mar dejara viva aunque fuera una gota de alcohol.

De Jursich aprendí también, hecho no menos significativo, que el ron nació para ser mezclado, por mucho que luego se hayan empezado a producir rones de notable calidad que no sólo aguantan sino que exigen ser bebidos solos, a modo de coñac o *brandy*, como los notables, guatemaltecos y caros Zacapa que me ofrecieron gentilmente los representantes de esta marca en México durante una comida. Cuenta Jursich que se mezclaba entonces el ron con jugo de limón, frutas o especias, y que no tardó en surcar los mares el *grog*, una mezcla patentada por la Marina británica que consistía en mezclar el ron, parte de la canasta básica marinera, con azúcar y limón. Fue un paso decisivo rumbo a la consagración de la Cuba.

Como su bebida matriz, la Cuba nació canalla. No hay otro modo de catalogar un trago que a un derivado del azúcar como el ron añade un concentrado de azúcar, como la Coca-Cola. Es, por tanto, un trago para amantes de las experiencias fuertes, es decir, gente con tendencias a vivir al límite, y en esa medida es también el objeto de acalorados debates sobre su correcta elaboración.

Hay muchas maneras de preparar una Cuba Libre.

Están los que practican la versión compleja: la Cuba Quemada. Hay que poner los hielos, el ron y un chorrito de limón a matrimoniarse en el fondo de un vaso de buen tamaño y buena altura, en el sentido de que el matrimonio, cuando funciona, es un vínculo en el que los integrantes se mantienen juntos pero activan cambios profundos en el otro y, por lo tanto, en el conjunto, como es obligado en el roce permanente con elementos corrosivos. Los que quieren matizar el latigazo de dulce en las papilas gustativas suelen sumarle a la mezcla un detallito de agua mineral gasificada que contrapunteará a la Coca-Cola, aunque esto, para los ortodoxos, es un pequeño crimen.

Hay ortodoxos de la Cuba, pero también ultraortodoxos e incluso talibanes. Los primeros te dirán que la Cuba admite hielos, ron, Coca-Cola, unas gotas de limón y, como mucho, una rodaja de la misma fruta para decorar. Los ultraortodoxos te dirán que de acuerdo, pero que el Cubalibre (se admite esta nomenclatura, desde luego) exige ron blanco. Para los talibanes, la Cuba se hace, sí o sí, con Bacardí blanco.

Esto tal vez los vuelva custodios de la fe y, al mismo tiempo, de la historia, porque muy bien puede el Cubalibre haber nacido de las barricas de Bacardí. Esta compañía tiene una interesante historia.

Es cubanísima en origen: nació en Santiago de Cuba en 1862, de los empeños de un catalán llamado Facundo Bacardí. Terminó por emigrar a Puerto Rico luego de la Revolución cubana, a la que ofreció una fuerte resistencia desde el exilio. A fines del siglo XIX, cuando la isla decidió librarse de la colonización española, daba alegría y valor a los alzados en su propia casa. Como había soldados estadounidenses apoyando los afanes secesionistas de las fuerzas rebeldes, el oscuro matrimonio (oscuro en un sentido literal) con el refresco yanqui era cosa de tiempo, aunque ya ha durado bastante.

Termino con otro pequeño saqueo a Jursich, que nos regala en su artículo esta perla de la publicidad ronera. Es colombiana y resume la vida de esta bebida: "Hattfield. El ron para los que saben de *whisky*".

D̄AIQUIRÍ
Sin frutas, por favor

Yo prefiero la ginebra. La champaña es sólo un *ginger ale* con influencias.
HAWKEYE (personaje de *M*A*S*H*)

A alguien en Facebook se le ocurrió pensar en aquellos personajes a los que quisieras "tener de tu lado en una pelea". Era un catálogo de chicos rudos, un ejercicio de testosterona autocomplaciente y autoparódica, que iba de Mickey Rourke a Charles Bronson, y de Norman Mailer a, cómo no, Ernest Hemingway.

El *casting* de este último fue indiscutible. Como todos los amantes de la vida en los límites, *Papa* Hemingway tal vez rozaba la sociopatía, o tal vez simplemente sufrió esa forma de la depresión a la que sobrevives a tiros, puñetazos, caídas en paracaídas o contactos directos con los grandes depredadores, es decir, a golpes de adrenalina, hasta que el cuerpo ya no da para tantas aventuras y optas, como él, por suicidarte. Hemingway hizo de todo, a veces de manera muy reprobable: estuvo en la Primera Guerra Mundial como camillero, en el frente italiano; fue corresponsal en la Guerra Civil española; rindió tributo a los toros; se enfiestó al límite en el París de entreguerras junto a su compadre Scott Fitzgerald, un briagazo aficionado a la champaña, y a Ezra Pound, que le metía con fe a la absenta, lo que de ninguna manera explica su afición a Mussolini; presenció el desembarco de Normandía; cometió el crimen imperdonable de cazar un elefante; pescó en las aguas cubanas, y boxeó aparentemente no del todo mal. Antes, durante o después de cada una de esas aventuras, empinó el codo con fervor y sin prejuicios. Su abundante obra es un catálogo de viajes etílicos, por lo tanto, es uno de los santos patronos de este libro. Le pegó al vino y los brandis en Europa, a la cerveza en su juventud gringa y al Martini. También le gustaba tomar algunos cocteles que, porque la humanidad es prejuiciosa y no admite bebidas con popote en ambientes hooliganescos, no pedirías en una convención de los personajes que quisieras de tu lado en una pelea, salvo que sepas meter los puños como Hemingway.

Como es sabido, el hombre de las barbas vivió por largos periodos, casi hasta el final de su vida, en Cuba, lo que lo volvió testigo de los primeros momentos del régimen castrista. Fue ahí donde se aficionó al Mojito y al Daiquirí.

En esa historia de subidas y bajadas que ha tenido el ron desde sus orígenes, la Revolución cubana significó una cresta de popularidad, para usar términos de un mal reportero de espectáculos. Los barbones que derrocaron a Fulgencio Batista sabían de relaciones públicas: gastaban una ironía guapachosa impensable en los viejos bolcheviques soviéticos, nos convencieron de que eran una especie de *hippies* de la primera hora por esas barbas y esas greñas (no tardamos en saber que también un matón estalinista como el Che puede apostarle al desaliño), jugaban beisbol y torcían labios y dedos con envidiables habanos y vasos de perfumado y chispeante ron. Lo que trataban de mostrar, aparte de su disposición mundana, era su cubanía, sin negar la verdadera pasión de Castro por el ron y el tabaco, o del Che por este último.

Si la cubanía se muestra a latigazos de ron, a esas alturas el más cubano de los cubanos era un cincuentón de barba blanca nacido en Oak Park, Illinois.

Cuando el Che, Fidel y Camilo Cienfuegos tomaron posesión de La Habana, Hemingway había ya rendido tributo de palabra y de hechos a uno de sus cocteles favoritos, el Daiquirí, y a los bares donde era obligado probarlo: La Bodeguita del Medio —aunque ahí prefería pedir mojitos— y, sobre todo, El Floridita. Ambos fueron personajes de una de sus novelas, *Islas en el golfo*, que se publicó luego de su muerte.

A La Bodeguita, fundada en 1950 y escala obligada de muchos famosos, le pasó por encima la Revolución. Desaparecieron las firmas de los visitantes ilustres de las paredes, las viejas botellas, las sillas, etcétera. Luego fue reconstruido para llevar turistas y divisas a la devastada economía socialista, con nuevas firmas. A El Floridita le fue un poco mejor. Fundado en los inicios del siglo XIX, se precia de ser el bar que patentó el Daiquirí, al menos en su versión habanera, que maquinó un personaje real que también aparece en una obra de Hemingway: Constantino Ribailagua. Con plena justicia, el digno tugurio conserva una estatua en honor al premio Nobel gringo que, según cuenta Mario Jursich en sus "Memorias felices de un bebedor de ron", bebió tantos rones en la isla que a una de sus encerronas alcohólicas se le llamó "Diez días que estremecieron a Bacardí". Como sea, un día normalito para Hemingway era uno en el que pasaba a El Floridita por un Daiquirí personalizado, el famoso "Papa doble", que era un Daiquirí clásico, pero en dosis duplicada.

¿Qué era lo que se bebía Hemingway? El doble de sesenta centilitros de ron blanco, el jugo de medio limón y azúcar, todo agitado en una coctelera y *sin* hielos picados.

Es el mismo Daiquirí que elogia el larguirucho y adolescente Holden Caulfield en *El guardián en el centeno*, el *long seller* de J. D. Salinger, pero una bebida muy diferente a los posteriores "daiquirís" de frutas que inundan las barras playeras y a los que me niego a dedicar más líneas: el que sí incluye hielo picado en el vaso, el de fresa, el que nos endulza con plátano y licor de plátano y el de durazno, por mencionar algunos. En definitiva, los que están prohibidos a precio de excomunión en el club de los chicos a los que quieres tener de tu lado en una pelea incluso para Hemingway, su padre fundador.

DESARMADOR Y GREYHOUND

El desayuno de los campeones

¿Dices que el alcohol es un veneno lento? ¿Y quién tiene prisa?
ROBERT BENCHLEY

El personal reunido para Beat the Devil (en español, El engaño del diablo), que se estrenó en 1953, anunciaba una borrasca alcohólica, pero lo que ocurrió, según cuentan, se pareció más a un huracán o un tsunami.

De entrada, estaban John Huston como director y Humphrey Bogart como estrella principal. De lo que era capaz ese par podía dar fe Katherine Hepburn quien, como pareja eterna de Spencer Tracy, no se asustaría fácilmente ante el espectáculo de un par de borrachos. Pero se asustó. Trabajó con ellos en 1950, cuando hicieron esa joya menor que se llama *La reina africana* y, según parece, pescó una disentería por tomar agua de manera compulsiva, como una respuesta a la borrachera ininterrumpida de los dos amigotes. Ahora el panorama era incluso más inquietante. Estaba por ahí también Peter Lorre, muy amigo de Bogart, con quien trabajó, por ejemplo, en *El halcón maltés*, del propio Huston, y en *Casablanca*. Aparte de un gran actor, Lorre era tan aficionado al trago como a la morfina. A ese trío se sumó, para adaptar la inclasificable obra de Claud Cockburn —autor de novelas negras que eran a la vez una parodia de las novelas negras— un sujeto de modos estridentes, mirada maligna y lengua ácida llamado Truman Capote. La Hepburn, supongo, se sentiría aliviada de no trabajar en semejante producción.

El Capote de los cincuenta, ese que no llegaba todavía a los 30 años, no era el Capote superestrella de los sesenta, el que despegó hasta la estratósfera con *Desayuno en Tiffany's* en 1958 y sobre todo con *A sangre fría* en 1966, justo antes de despeñarse en el alcoholismo y el exceso de cocaína, ya transformado en algo más parecido a un *celebrity* que a un escritor.

No lo era, pero se le parecía. Su primera novela, *Otras voces, otros ámbitos*, de 1948, claramente autobiográfica, lo convirtió en un éxito instantáneo y le permitió patrocinarse una vida de excesos, viajes, farándula y comparecencias escandalosas ante los medios, fascinados por su talento, pero también por su mala leche y esa manera hábil de explotar públicamente el tema de su homosexualidad. Como a Bogart, era imposible verlo sin un cigarrillo en la boca y le encantaba el alcohol. Pero otros tipos de alcohol.

Capote era versátil, sin duda, pero es conocida su afición por el Desarmador. Me refiero a ese coctel sencillito que se hace con cinco partes de jugo de naranja por cada dos de vodka y hielos, el típico trago que se recetan los alcohólicos por la mañana, por las propiedades inodoras del vodka. El desayuno de los campeones.

El vodka, que rusos y polacos beben frío y derecho, se presta muy bien para las mezclas cocteleras por su relativa neutralidad de sabores y olores, igual que otras bebidas, como el ron, se prestan para ese fin por las razones opuestas, es decir, por la fuerza de su personalidad.

El vodka es hábil: sabe esconderse en las espesuras ácidas, saladas y picantes del Bloody Mary o en la dulzura amarga del agua quinada para, cuando casi nos olvidamos de que el vaso en nuestra mano contiene alcohol, dejarse ver por sorpresa con ese carácter revitalizador y tonificante que lo distingue. La naranja le va, asimismo, de maravilla. No sé si era el caso de Capote, pero con una cantidad razonable de autoengaño puedes pensar que lo que bebes es una sana dosis de vitamina C.

Más adelante, en el capítulo sobre el vodka, me detengo en el personaje principal de *Mad Men*, Don Draper, para contar que se perjudica fundamentalmente con *whiskies* y que el vodka es la bebida de su comparsa, Roger Sterling. Esta afirmación es sólo parcialmente cierta. En la temporada seis, cuando Draper está ya a un pasito del precipicio, lo vemos en el acto matutino de completar con vodka un vaso de jugo. Esa actitud versátil, ajena a intransigencias, es justamente la que distingue a los héroes de este libro.

Uno más de ellos es Hunter S. Thompson, el inventor del único género periodístico que ha bautizado un género del porno: el gonzo, aquel en el que el cronista no sólo acepta su papel en la historia que cuenta, y con ello hace estallar las viejas nociones de "objetividad", sino que intenta convertirse en su protagonista indiscutible. A esta oveja descarriada nacida en la cuna del *whiskey*, es decir, en Kentucky, y en la misma población que Muhammad Ali, Louisville, sólo que cinco años antes, en 1937, el invento le sirvió para convertirse merecidamente en una especie de figura de culto del periodismo y la literatura estadounidenses. Fue expulsado del ejército y abandonó la Universidad de Columbia;

de adolescente, había pasado largas temporadas encerrado por robos menores, sobre todo de alcohol; fue adicto a la heroína; se relacionó con los Hells Angels, hizo un libro canónico sobre ellos, *Hells Angels: la extraña y terrible saga de las bandas forajidas de motociclistas*, de 1966, y acabó por recibir una golpiza de hospital a manos de ellos. También se proclamó un amante de las armas de fuego, hizo amistad con el actor Johnny Depp, fue una de las estrellas de la *Rolling Stone Magazine*, no le hizo el feo a *Playboy* y al final, sin llegar a los setenta, en 2005, se metió un tiro en la cabeza, como su admirado Hemingway.

Durante todos esos años, bebió sin tregua. Lo cuenta en su libro con los Ángeles del Infierno, en *Miedo y asco en Las Vegas* (la versión fílmica, de Terry Gilliam, tiene a Depp como protagonista, junto a Benicio del Toro) y desde luego en su *Diario del ron*, páginas autobiográficas de su vida en Puerto Rico como periodista deportivo que ya imaginarás a qué dedicó realmente.

¿Cómo se resiste semejante tren de vida? Probablemente no haya una respuesta: la resistencia de un hombre tiene siempre una causa misteriosa. Pero tal vez tenga razón el también llamado *doctor Thompson* en que un buen desayuno siempre ayuda.

El suyo (lo rescato de la invaluable *Hemingway & Bailey's Bartending Guide to Great American Writers*) consistía en una jarra de café, salchichas, huevos, leche y una rebanada de pay, entre otras cosas, pero sobre todo en cuatro vasos de vodka. Aunque podían ser Bloody Mary, también eran válidos los Greyhound: dos partes de vodka por cada cinco de jugo de toronja. Eso sí, el jugo fresco, para cuidar la salud. Es un *tip* que le dio su paisano Ali, que era otra clase de deportista.

GIMLET
El coctel del detective

A las cuatro de la mañana, cuando todo el mundo está lo bastante borracho, pueden pasar cosas extraordinarias.
JAMES BALDWIN

¿Qué haces cuando mezclas cuatro partes de ginebra con una parte de jugo de limón en una coctelera con hielos, agitas, viertes en una copa tipo martini y añades un gajo de limón con afanes decorativos? Creas un coctel propio de detectives.

Al menos eso es lo que dan ganas de concluir cuando se repasa la historia del Gimlet. Se bebe al menos desde los años veinte del siglo pasado, pero lo que realmente convirtió este coctel en una moda es que el detective Philip Marlowe, ese que inventó el gran Raymond Chandler, lo pide en algún momento de esa obra maestra del género negro que es *El largo adiós*, publicada en 1953. La novela, en la que se investigan dos asesinatos, fue llevada al cine veinte años después por Robert Altman, otro que no le hacía ascos al trago, con un Elliot Gould no muy convincente en el papel del cáustico detective.

Habría que matizar la afirmación con la que arranco estas notas, porque el Gimlet no era habitual en Marlowe, ni mucho menos. A Marlowe lo que le gustaba era el *bourbon* y en cantidades dignas, como es propio de un personaje creado por el responsable de una de las autoinmolaciones alcohólicas más famosas de la historia. A Chandler lo contrató la Paramount para escribir el guion original de *La dalia azul*, una película que terminaría por estrenarse en 1946, con Alan Ladd y Veronica Lake en los roles principales, y George Marshall, un sólido artesano de Hollywood que empezó a filmar en la época muda, en la dirección. El problema fue que a dos semanas de iniciar el rodaje, Chandler no lograba rematar el escrito: tenía un bloqueo. ¿Cómo se cura esa enfermedad? Nadie lo sabe con certeza, aunque si le preguntas a cualquier escritor es probable que tenga algún remedio casero. Pero te dejo la receta Chandler, que desde luego no recomiendo. Desesperado por las presiones de la producción, el novelista tomó una decisión que ha hecho leyenda: volver al trago, cuando era un alcohólico recuperado. Y su productor, John Houseman, no parece haber hecho nada por disuadirlo. Por el contrario, le asignó seis secretarias de tiempo completo y un médico que le su-

GIMLET

ministrara vitaminas, porque Chandler cuando bebía dejaba de comer. Terminó, en efecto, el guion, pero al precio de una recaída francamente grave.

Hay una versión alternativa de este coctel: vaso *old fashioned* y cubos de hielo.

GINEBRA
La medicina que no venden en las farmacias

Puede ser que esté borracho, señora, pero en la mañana yo estaré sobrio y usted seguirá siendo fea.
WINSTON CHURCHILL

Si a alguien se parecen los señores que protagonizan la película ¿Quién teme a Virginia Woolf? es a Elizabeth Taylor y Richard Burton, lo que no deja de resultar irónico, pues quienes protagonizan la película son precisamente ellos. En realidad, todo es un poco irónico en esa cinta.

Es raro que la dirección haya recaído en las inexpertas manos de Mike Nichols, un director que cobró una rápida y merecida fama, pero que en ese momento no era más que un debutante de 35 años (nació en 1931) llegado del teatro, y particularmente del teatro de improvisación. Asimismo, es raro que la película haya tenido tanto éxito, como ha tenido un éxito sostenido la obra en que se inspira, un *long seller* escénico. La obra de Edward Albee es un trago difícil de pasar, mucho más difícil, en apariencia, que los latigazos de alcohol que se meten los personajes sin pausa y con cierta prisa a lo largo de todo el texto, y no es un texto breve.

Albee, nacido en 1925, es el último coletazo (y único sobreviviente) de una genealogía de autores estadounidenses propensos al realismo *duro*, hecho de seres marginales y degradados, de ambientes permeados de violencia y sexualidades al límite, que empieza con Eugene O'Neill y sigue con Tennessee Williams. Con Albee hay un cambio sustancial, de manera particular en *¿Quién teme a Virginia Woolf?* Lejos de la marginalidad urbana o rural, varias rayitas por encima del umbral de la pobreza, sus personajes, los ya maduros Martha y George —él profesor de facultad, ella hija del rector— son clasemedieros de pura cepa, con la carga de comodidad pero también de frustración que acarrea ese estatus, y viven enredados en una relación de esas que los terapeutas denominan *codependiente*, aunque el término no refleje con fidelidad lo que ocurre en el escenario.

Sobrevive en ellos un amor ya muy desvirtuado, corrompido, que los mantiene juntos, pero en una permanente guerra verbal y en ocasiones incluso física. Es una obra adictiva y agotadora. No hay tregua, no hay paz, no hay luces.

Según conoces su historia, te gana una sensación de angustia existencial, de certeza de que hay algo profundamente degradado en las relaciones humanas, de saturación por el poso de rencor y frustración que se asienta en la pareja y de miedo por los secretos que esconde de manera evidente.

Por eso es tan raro ver en la adaptación fílmica a la Taylor y a Burton, sobre todo a ella. Burton teje una actuación notable, llena de matices, con esa panza delatora y ese cinismo cruel, pero sobre todo con esas tablas que le dio el teatro shakespeareano. En su caso, la sorpresa no fue tan grande para los espectadores. En 1966, cuando se estrenó la película, era todavía joven, en la frontera con los 41 años, pero hacía tiempo que su condición de supergalán se había evaporado y tenía que conformarse con el respeto que merecen los buenos actores (porque hay que ser un buen actor para cuajar, por ejemplo, *La noche de la iguana*, de Tennessee Williams, una película de 1964 dirigida por John Huston). Además, era un bebedor de grandes ligas, lo que probablemente habrá sido de ayuda a la hora de interpretar a George.

La Taylor, sin embargo, no era la Taylor: era todavía, a sus 33 años, Liz Taylor, la belleza única de ojos violetas que en 1963 embrujó al mundo como Cleopatra, en la película que protagonizó justamente con Burton. Por ello, es tan conmovedor y tan estresante verla como una esposa jamona, maligna, hipercrítica, venenosa, que se pasa tragos derechos de ginebra como si fueran vasos de agua; un aviso de la Taylor futura, la de los años ochenta, la comadre de Michael Jackson, la de las terapias de rehabilitación (bebida, tabaco, pastillas) y los mil quinientos matrimonios (dos de ellos con Burton, su esposo en aquellas fechas). El papel, sobra decirlo, basta para consagrarla como una de las grandes atletas del alcohol de la era contemporánea.

En *¿Quién teme a Virginia Woolf?* el alcohol es el otro protagonista de la historia. En el arranque de la obra, Martha y George regresan de una comida dominical, en pocas palabras, completamente flameados. Lo que para una pareja normal es al final del día el preámbulo del sueño reparador, para ellos es la primera etapa de la jornada. Mientras llega una pareja joven a la que invitaron durante la comida, trasiegan golpes interminables de alcohol de esos que pasan a la garganta con los labios abiertos contra el vaso, que es lo mismo que harán después, cuando la pareja llegue, hasta el final de la historia.

GINEBRA

George bebe *bourbon* con hielos, y Burton lo interpreta con "sospechosa naturalidad", en palabras de Oscar Wilde: la naturalidad del que, en sus días de despeñadero alcohólico más contundente, llegó a beberse tres botellas diarias de alcohol duro.

La ginebra es cosa seria. Proviene de la cebada, que se destila sin el proceso de malteado propio del *whisky* y, para usar un tecnicismo, se "rectifica" con la fruta del enebro, un árbol tóxico que produce una especie de baya: la famosa nebrina. Luego vienen los matices que la hacen tan sofisticada, tan compleja: una cantidad enorme de especias, pieles frutales, nueces y cortezas que pueden y suelen sumarse a su alquimia. No tiene denominación de origen. Es una bebida original y primordialmente inglesa (ya se producía en el siglo XVII) con raíces holandesas, pero se produce en muchos países, incluida España y, como el ron, no nació para ser tomada en estado puro. La ginebra es la bebida coctelera por excelencia; la ginebra se mezcla.

Es cierto que el Martini Seco parece *gin* derecho. No lo es en realidad. Aparte de que el rey de los cocteles lleva una cierta cantidad de vermut blanco, lo normal es que el destilado pase por una coctelera con hielos antes de llegar a la copa, lo que ayuda a aligerar el mandarriazo de alcohol. Por lo demás, la coctelería ginebrera aporta varios clásicos a esa expresión artística que hoy llamamos *mixología*, desde el propio Martini, minimalismo hecho alcohol, o el Gimlet, que es ginebra con jugo de limón, hasta inmundicias como los martinis de fruta.

Mención aparte merece el Gin Tonic. En su versión ortodoxa, se prepara con el sencillo procedimiento de mezclar ginebra y agua tónica en un vaso con abundantes hielos y sumarle una cáscara de limón a la que antes le torciste el pescuezo, para extraer sus aceites. ¿Cuánta ginebra? Todo es opinable. Una convención española sugiere dejar caer el líquido durante tres segundos, lo que produce un coctel no muy fuerte, crepitante de burbujas, fresco, cítrico. Es común que al pedirlo en el bar te pongan enfrente un *highball*, pero recientemente, desde que el Gin Tonic se puso de moda entre las clases medias altas, se apuesta cada vez más por los vasos *old fashioned* o los que tienen forma de bomba, porque la ginebra necesita oxigenarse en abundancia.

GINEBRA

Hoy, aquella bebida de trincheras, dura, tosca, barriobajera, es sutil y cara, *hipster*. Búscate si no una botella de Hendrick's, una joya escocesa que parece muy oportunamente (más adelante explico por qué) sacada de una botica de hace doscientos años, o una de Beefeater 24, la respuesta inglesa, que incorpora al caldo hasta rarezas como el té verde, un brebaje que por fin parece haber encontrado su lugar en el mundo.

Habrás notado que este libro no es inmune a la ortodoxia. En el caso del Gin Tonic haré concesiones a la heterodoxia, aunque no muchas. Se acostumbra ahora sustituir la piel de limón con piel de naranja, dejar caer unas gotas de jugo de limón verde en la mezcla e incluso una excentricidad como congelar uvas o fresas y usarlas a manera de hielo. Esos vanguardismos no ayudan realmente a la fórmula primigenia, pero no la destruyen. En cambio, hay una aportación reciente que sólo se puede calificar de brillante: sustituir el limón por una rodaja de pepino. Es notable la cantidad de matices y la sensación de frescura que aporta la rodajita a un coctel que parecía inmejorable. Sobre todo, es notable que la coctelería le haya dado razón de ser a esa cucurbitácea infernal, un prodigio agrícola que consiste en hacer de algo casi insípido algo totalmente indigesto. El mundo es un lugar tan depravado que prohíbe la absenta y permite el pepino.

Suele hablarse del alcohol que te bebes como de "la medicina que no venden en las farmacias". En el caso del Gin Tonic la definición es irreprochable. El agua tónica o quinada nace de sumar quinina al agua con gas, con el añadido de un poco de azúcar, para corregir la amargura. La quinina, que se extrae de un árbol llamado quino, fue el medicamento que usaron durante muchos años las fuerzas imperiales inglesas para la malaria. Supondrás que el añadido de una ginebra de soldado, es decir, corrientona, popular, barata, era totalmente natural y necesario en semejantes condiciones de vida: daba sabor y daba agallas. Hoy, el Gin Tonic es todavía una medicina. Una medicina contra la cruda: tómate un par a mediodía, después de una noche larga, y atrévete a decirme que me equivoco. En ese sentido es que lo de la Hendrick's parece irreprochable.

GINEBRA

JACK DANIEL'S
Hasta la tumba, de ser posible

Tal vez el alcohol sea el peor enemigo del hombre, pero la Biblia dice
que ames a tu enemigo.
FRANK SINATRA

*A Pete Hamill lo conocí
hace unos quince años, en
una comida en Santa Fe.
Mis compañeros de mesa
me aleccionaron sobre el
personaje que tenía enfrente,
del que, debo confesar, no
había oído hablar en mi
vida. Vivía por temporadas en
México, pero era neoyorquino.*

Neoyorquinísimo: llevaba una vida y media en el oficio de periodista, trabajando para el *New York Post* y no era un cronista oficial de su ciudad porque en esa urbe difícilmente habrá semejante personaje, pero merecía serlo. Era lo bastante popular como para hacer cameos en producciones hollywoodenses de importancia. Había escrito novelas y guiones de cine, se había bebido todo el alcohol imaginable y había cortado para siempre con la bebida, sabía de boxeo como era obligado en un chico de Brooklyn de la generación de 1935, estaba obsesionado con la historia del Batallón de San Patricio, conservaba a sus sesenta y muchos una sólida musculatura, y podía contarte de sus amistades: Bob Kennedy, para empezar, pero también Frank Sinatra, del que escribió un libro: *Why Sinatra Matters*, *Por qué importa Sinatra* en la versión mexicana. En el libro, Sinatra sale muy diferente respecto de la versión más frecuente que corre de él, la de que era un ego hipertrófico y un amigo de mafiosos de alto nivel, reforzada por Mario Puzo en *El padrino*, donde lo transforma en Johnny Fontane, un *crooner* en decadencia que pide ayuda a Vito Corleone para reactivar su carrera en el cine. El Sinatra de Hamill no sólo es completamente ajeno al universo de la Cosa Nostra, sino un amigo decente y afectuoso, fidedignamente enamorado de la música.

Pero hay al menos una faceta de la imagen popular de Sinatra que no cambia: la del bebedor de *whisky*. Puesto que hablaremos de un destilado rigurosamente gringo, habrá que decirlo a la manera gringa: *whiskey*.

La Voz era aficionado al Jack Daniel's, uno de los *whiskies* peor entendidos y más populares del planeta, que bebía con hielos y agua sencillita, limpia, sin burbujas. Terminó por hacerle publicidad, lo que le habrá dejado unos dólares extra en el bolsillo pero, es de suponerse, con la satisfacción añadida de no vender sus convicciones. Si lo que dice la página de la compañía es cierto, el buque insignia del Rat Pack, el rey de Las Vegas, se hizo enterrar con una botella en el ataúd. Nunca se sabe lo que nos espera del otro lado, así que parece una buena idea.

Al Jack Daniel's se le suele considerar un *bourbon*, pero no lo es, aunque se le parece mucho, como un hermano a otro. Se produce en Tennessee, no en Kentucky, pero no es ese matiz geográfico el que los diferencia. El *bourbon*, de hecho, no tiene denominación de origen controlada y puede encontrarse por lo tanto en sitios tan ajenos como Nueva York, donde hay algún genio de la alquimia que vende uno muy bueno y muy guapamente embotellado en frascos que parecen de destilería de principios del siglo XX. Lo que hace diferente al buen Jack es el carbón.

La destilería que produce las famosas botellas de la etiqueta negra lleva largo tiempo entre nosotros: sin duda desde 1875, tal vez desde la década anterior. Usa un método muy común en aquellas fechas, hoy casi extinto, que consiste en filtrar el *whiskey* a través de una ancha capa de carbón de arce, para darle suavidad y enriquecer el sabor. Pero es poco probable que tales sutilezas estén en la mente de sus consumidores emblemáticos: los músicos, y no hablo propiamente de músicos con traje y sombrero como Sinatra.

El Jack Daniel's es bebida de *rockstar*, bebida para tomarse a pico de botella en los camerinos, entre *groupies* anhelantes o ya agotadas por los excesos, ceniceros atiborrados y sospechosas pastillitas de colores.

En el acto de promover el Old 7 hemos visto a bandas como Kiss o Mötley Crüe y a sujetos como Lemmy Kilmister, de Motörhead, la agrupación de los motociclistas tipo Hell Angels. Jack Daniel's es asimismo la bebida que toma, en la película *Rock of Ages*, el personaje de un Tom Cruise que se olvida por un momento de la cienciología, una estrella llena de tatuajes, hipersexualizada y frita por las drogas. La publicidad de esta marca está habitualmente poblada de motos tipo Harley-Davidson, tatuajes, chicas con maquillaje corrido y escotes en camisetas raídas, chamarras de piel y botas.

A pesar de todo, parece que el hijo pródigo de Tennessee le apuesta también al señorío. Si no hallas qué hacer con los 2500 pesos que te estorban en el bolsillo, ve a la tienda y pide una botella de Sinatra Select. Te llevarás una caja de lujo y unos cuantos grados de alcohol más de los normales.

MANHATTAN
En manos de Marilyn

Prefiero creer que Dios no está muerto, sólo borracho.
JOHN HOUSTON

La receta no ofrece complicaciones: vaso mezclador, dos partes de vermut rojo por cada cinco de whiskey (te acepto el bourbon si no encuentras de centeno) y una gota de angostura. Mezclas con decisión y sirves en una copa tipo martini con una guinda al marrasquino. Eso es todo.

Es uno de esos cocteles que puedes beber sin menoscabo de tu reputación como bebedor testosterónico: ya dije en algún lugar de este libro que el del alcohol es un mundo permeado de prejuicios sexistas. Era muy común en las manos de los chicos duros del cine hollywoodense de los años treinta y cuarenta, y es muy raro el bar donde no te lo preparan en los tiempos presentes. Pero su historia es vieja: ya se servía hacia la década de 1880.

Mis investigaciones para este libro me conducen a un descubrimiento simpático y tal vez triste, el de una película casi desaparecida. Casi: queda un minuto de metraje. Es de 1928, se llama justamente *Manhattan Cocktail,* es parcialmente hablada (Hollywood estaba en la transición del silente al sonoro) y merece unas líneas, sobre todo, por su directora, Dorothy Arzner. Fue, si no la única, al menos una de las escasísimas mujeres que lograron dirigir en aquellos años, por añadidura íntima amiga de la temible Joan Crawford y, antes de cuajar unos cuantos éxitos de taquilla para la Paramount, una reconocida editora. Puede ser, si eres un aficionado al cine, que hayas visto *Sangre y arena,* de Rodolfo Valentino. Terminó por dar clases de cine en la Universidad de California.

Hay algo de milagroso en el minuto de *Manhattan Cocktail* que ha sobrevivido a la crueldad del tiempo. Según la fundación para el cine de Martin Scorsese, más de 90% de las películas hechas antes de 1929 se perdió. Existen varias razones de esta devastación del patrimonio fílmico. Las más habituales son los incendios, porque las cintas de nitrato que se usaban antes de

los años cincuenta eran muy inflamables, y la destrucción voluntaria de películas: una vez que comenzó el cine hablado, se pensó
que su contraparte muda ya no tenía viabilidad comercial. Y era
cierto. Pero esa voracidad comercial nos impidió saber cuántos
minutos de protagonismo tuvo este digno coctel.

En cambio, tuvo un protagonismo más que perdurable en
manos de Dios. Dios es Billy Wilder, uno de los grandes de
Hollywood. Así, más o menos, se dirigió a él Fernando Trueba, el
director español, en la ceremonia de los Óscar, cuando ganó el
premio por mejor película extranjera gracias a *Belle Époque*: "Me
gustaría agradecerle a Dios, pero no creo en Dios, creo en Billy
Wilder". Como yo, y espero que como tú. Wilder contó después
que en ese momento estaba preparándose su séptimo Martini,
lo que seguramente tiene una lógica, porque el Manhattan es uno
de esos "cocteles nodriza" de los que nacieron muchos otros,
como los que él se tomaba. En ese momento, el veterano director
estaba ya en el retiro o algo muy parecido, con 87 años (nació en
1906), después de hacer algo más de veinte películas, la mayor
parte de ellas brillantes o simplemente geniales, con una acidez
única, propia de un judío centroeuropeo como él, que llegó a
Hollywood luego del ascenso de Hitler. Películas como *Some
Like It Hot, Una Eva y dos Adanes* o *Con faldas y a lo loco*,
como se conoce en España. ¿La recuerdas? Tony Curtis y Jack
Lemmon son dos músicos a los que toca presenciar un crimen de
la mafia. Perseguidos, deciden disfrazarse de mujeres y sumarse

a una orquesta femenina en la que Marilyn, nada menos, toca el ukelele. La Monroe está sublime, en ese punto exacto de sexualidad a tope, candor y gentileza que nadie ha podido replicar, guapísima por supuesto.

En una escena inmejorable, se contorsiona en un exiguo camerino de tren mientras intenta preparar unas dosis de Manhattan no en un vaso mezclador, no en una coctelera, sino en una bolsa de agua caliente de esas de plástico. Imagínate el elíxir salido ahí.

MARGARITA
En honor de la bailarina

Una mujer me llevó a beber y no he tenido la delicadeza de agradecérselo.
W. C. FIELDS

¿Es decente, digno, civilizado, mezclar el tequila? La ortodoxia jalisciense dice que no y equipara el hecho de no bebérselo derecho, solito, con insultar a la bandera: es un delito de leso patriotismo, en el entendido de que el tequila es uno de los emblemas de la mexicanidad.

Si existe un modo aceptable de tomarse el tequila en un coctel, ese modo es el Margarita, que ofrece una solución a los sabores infames de los tequilas baratos, desde luego muy abundantes, y tal vez una fórmula adecuada para provocaciones como el Casa Dragones. Esta marca ha roto paradigmas porque no sólo se permite tener una "maestra tequilera", la primera certificada, la talentosa Bertha González, que se abrió paso en el único medio que conserva los estándares machistas de la charrería, muy por encima de los del boxeo o el futbol americano, sino porque se trata de un tequila concebido para la mezcla, a pesar de su muy alto precio.

El Margarita tiene sus complejidades. Hay una copa especial para prepararlo, que debes glasear en los bordes con una buena cantidad de sal. Luego haces sumas: calcula que cada copa debe llevar unos 35 mililitros de tequila, unos 20 de *triple sec* y unos 15 de jugo de limón, pero de limón verde, mexicanísimo, ese que en otros países llaman lima. Dejas caer estos tres ingredientes en la coctelera y sirves. ¿Qué *triple sec*? Lo habitual es el Cointreau o el Grand Marnier, ambos fuertemente cargados de esencias a naranja. Se trata, pues, de un coctel anclado en los cítricos, lo que es, en efecto, de una profunda mexicanidad: en estas tierras se inunda de limón casi todo lo que se bebe y se come. Hay una versión nacional del Cointreau, a propósito: el Controy. Si lo tomas, será bajo tu propio riesgo.

A pesar de todo, existe la posibilidad de que el Margarita no sea mexicano. Hay una versión que sitúa su nacimiento en tierras californianas. Prefiero pensar que la verdadera es esa que considera al Margarita un invento de Ensenada, porque esa ciudad se merece todo lo bueno. De ser cierta esta versión, la inventó un barman conocido como Deny en honor a una amiga suya: Margarita Orozco. Pero la versión que más se acomoda al tono de este libro te obliga a moverte unos cuantos kilómetros, hasta Tijuana. La lógica de la vida en el bar obliga a creer ciertas historias sin hacer muchos ascos. Esta historia dice que un barman tijuanense quedó un día prendado de la belleza de una bailarina llamada Margarita Carmen Cansino, a la que dedicó ese invento condenado a sobrevivir.

La tal Margarita se haría famosa con el nombre de Rita Hayworth. Pero que el tamborileo hispánico de su nombre no te confunda: no hay mexicanidad en la guapa Rita, que quién sabe qué tendría que hacer por Tijuana en fechas tan antiguas. Lo de Cansino viene de España, de Andalucía específicamente, donde sabemos que se consumen otros caldos. Si la historia es cierta, ese barman se merecería una estrella en el pavimento de Hollywood, no por el Margarita, sino por la Margarita; es decir, por su ojo para identificar una estrella.

MARGARITA

MARTINI SECO
Un asunto de religión

El problema con el mundo es que todos están unos cuantos tragos atrás.
HUMPHREY BOGART

Existen unos cuantos debates cocteleros que, por su intensidad y fanatismo, tienen un estatus cercano al debate teológico medieval. Pero ninguno, con toda certeza, ha generado opiniones tan diversas y tan encontradas como el del modo adecuado de elaborar un Dry Martini.

Por actos reflejos cinematográficos, uno piensa a bote pronto en James Bond, pero el Martini original de Bond no es un Martini minimalista, de sencillez extrema, como los que solemos pedir en los bares y como el que protagoniza este apartado, sino un Vesper Martini, o sea, una bebida inventada por Ian Fleming, el novelista que creó al 007, para *Casino Royale*. Se hace con "tres medidas de Gordons", es decir, de ginebra inglesa bien seca —le dice al barman el agente más famoso del mundo—, "una de vodka y media de Kina Lillet", todo en una copa champañera profunda y con una cáscara de limón que dibuja una bonita espiral en el líquido transparente y heladísimo. Bond es un heterodoxo, no sólo por la mezcla de vodka y ginebra, propia de un guerrero del trago, sino por la presencia de la Kina Lillet, un francesísimo aperitivo. Aunque es un heterodoxo esporádico, porque en términos generales opta por el Vodka Martini de toda la vida e incluso por el Martini Seco hecho con ginebra, vermut y una aceituna, consagración de todas las ortodoxias alcohólicas. Lo de *vesper*, a propósito, es un homenaje del espía británico a la incomparablemente guapa Vesper Lynd, que en la película de 2006 es interpretada por Eva Green, una de las pocas mujeres en el mundo a las que sí les creemos que podrían capturar en sus redes al indoblegable y promiscuo Bond, o a quien le dé la gana para el caso.

¿Cómo debe prepararse un Dry Martini? Luis Buñuel, que pese a ser español entendía bien lo que significa esta bebida —los bares peninsulares suelen asestar un mandarriazo de vermut ante el término *martini*, los dioses los perdonen—, recomienda en *Mi último suspiro*, su libro de memorias escrito con el superguionista Jean-Claude Carrière, llenar la coctelera de hielo, echar unas gotas de angostura y unas de vermut blanco bien seco, agitar, desechar el líquido y en esos hielos leve, sutilmente perfumados, enfriar la ginebra.

Churchill, el León Inglés, fogueado en campañas coloniales durísimas y guerras contra Hitler, era más radical. Bebedor de grandes ligas, *sir* Winston opinaba que, en cuanto a la cantidad de vermut, es suficiente con dejar la botella en el otro extremo de la habitación, meterse largos y gozosos tragos de ginebra fría y voltear a ver cada tanto el muy marsellés frasco de Noilly Prat, que es la marca que usan los ortodoxos. En esto, un conservador como Churchill pero de ninguna manera un ortodoxo, tal vez porque no hay políticos ingleses ortodoxos, rompe con la tradición más antigua del Martini, que apostaba a dosis respetables de vermut, y se aproxima a lo que parecen hábitos más estadounidenses, que es de donde viene el sanísimo hábito del *extra dry martini*. Así son los cocteles que uno se imagina que beben los publicistas de la serie *Mad Men* en ese capítulo inolvidable durante el cual maridan el Martini con ostras, o, mucho antes, los que se recetaban san Theodore Roosevelt, el presidente que no conforme con enfrentar al nazismo derogó la Ley Seca, o Ernest Hemingway, un borrachazo de amplio criterio (recuerden su afición al Daiquirí) que recomendaba una proporción de ginebra y vermut de 15 a 1 a favor de la primera.

Si los lectores quieren beber en casa martinis como los que suelen servirnos en casi todos los bares, tienen que enfriar la copa (que en modo alguno debe ser una de esas gigantescas que se pusieron de moda a principios del siglo XXI, entre otras cosas porque se pierde la temperatura adecuada), aplicar algo menos de un cuarto de dosis de vermut por cada dosis de ginebra, enfriar bien en la coctelera con los hielos y añadir una aceituna atravesada por un palillo, aunque el *twist* de cáscara de limón no está mal visto. Cualquier mezcla con jugos de fruta o nieves de sabor merece el infierno. Es un pecado capital.

MARTINI SECO

En la capital mexicana era peregrinaje obligado el notable bar del restaurante San Ángel Inn. Advertencia para los visitantes foráneos, víctimas propiciatorias de las guías de turistas: antes tenía mucha gracia la visita; ya no tanto. El patio del restaurante, una hacienda del siglo XVII convertida alguna vez en convento carmelita, terminó por rendir tributo a una forma mucho más elevada de la espiritualidad, como lo es el Martini de ginebra (y al coctel Margarita, pero me niego a rendirle tributo en este espacio, porque es un trago que, espiritualmente, resulta mucho más discutible que el vudú, y porque ya hablé de él en el capítulo anterior). Lo servían y lo sirven en una especie de pequeña coctelera hundida en hielo y, como mandan los cánones, en una copa pequeña, de las de antes. El contexto sigue siendo impagable: el patio central es muy atractivo. Pero los cocteles han bajado su calidad al tiempo que han subido su precio y su temperatura. Mi último intento fue coronado con un cañonazo de vermut y ginebra tibios, cuyas resonancias en la cabeza tardaron buenas veinticuatro horas en desaparecer. Y es injusto, porque esa vez me limité a una copa, cuando, dice el lugar común no sin buenas razones, la medida máxima indicada es de dos.

Nunca perdones una cruda inmerecida.

Me acompañó esa vez un buen amigo, el brillante arquitecto Alejandro D'Acosta que es, además, socio de una empresa familiar que produce algunos de los grandes vinos mexicanos: el Ensamble y, sobre todo, el Vino de Piedra, dos genialidades de ese brillante enólogo Hugo D'Acosta. Me acompañaba, por tanto, alguien con criterios fundamentados en el beber. Pidió su Martini con Bombay, una ginebra de triple destilación hecha con diez ingredientes y dotada, en consecuencia, de menos potencia al paladar que otras ginebras inglesas, pero más perfume. Cosa de gustos. Los amantes de los martinis extra secos generalmente voltean hacia líquidos de más contundencia, como la Beefeater. Yo entre ellos.

Cuando se habla de alcoholes, es indispensable voltear hacia la literatura, de manera particular hacia la estadounidense. Jack London, Ernest Hemingway, Raymond Chandler, John Steinbeck, Dashiell Hammett, James Ellroy, Raymond Carver, Norman Mailer, Truman Capote, Lillian Hellman, Hunter S. Thompson y Dorothy Parker son apenas el inicio de una lista prodigiosa de grandes escritores que fueron grandes bebedores. A esta lista es necesario sumar un nombre, el del dramaturgo Eugene O'Neill, no sólo por sus atributos literarios sino, principalmente, por su heterodoxia alcohólica. Son conocidos sus excesos. *Whiskey* derecho para el desayuno, alcohol de farmacia con zarzaparrilla en sus días de pobreza juvenil y, sobre todo, abundantes copas de Gibson. Ya el Gibson habitual es visto de reojo por los ortodoxos: es un Martini Seco sin aceitunas y con cebollitas cocteleras. Pero O'Neill, de manera imperdonable, le sumaba un latigazo de soda a la mezcla.

Sería terriblemente injusto no rematar este apartado con un breve homenaje a uno de los grandes narradores estadounidenses, Sherwood Anderson (*Winnesburg, Ohio* es un clásico en estado puro). Amigo cercanísimo de William Faulkner, a su vez un triatlonista del consumo de *whiskey*, Anderson se bebió el mundo antes de morir durante un crucero a Sudamérica, en 1941. Fue una víctima de los martinis, aunque no del

MARTINI SECO

modo que podrías imaginar. Luego de unos días con dolores en el abdomen, se resignó a ver a un médico. Era una peritonitis. La causó un palillo de dientes que se tragó mientras se llevaba la aceituna del coctel a la boca, y que le provocó serias lesiones internas. Cuando te toca, ni aunque te quites, ya lo dice el fatalismo popular mexicano.

MINT JULEP
Al alcance de la mano

De hecho, no recuerdo haber nacido. Debe haber pasado durante uno de mis *blackouts*.
JIM MORRISON

Leo en una nota de La Estrella que en el bar del viejo y decadentón Gran Hotel Diligencias solían jugar al dominó dos presidentes mexicanos: Adolfo López Mateos y Adolfo Ruiz Cortines. El párrafo remata con un poco de "nacionalismo de patria chica": la especialidad del lugar es el "menjule", es decir, un "mojito a la veracruzana".

Nacionalismo de patria chica, es decir, nacionalismo jarocho, y nacionalismo, sin duda, ajeno a titubeos, como todos. Tan ajeno que el autor de la nota deja fuera de la ecuación nada menos que al sur de Estados Unidos, que es de donde proviene este coctel, salvo que mis investigaciones fallen y algún estadounidense sin escrúpulos haya pirateado la receta de algo llamado *menjule* y la haya pasado de contrabando a través de la frontera norte para dar lugar al muy norteamericano Mint Julep. Pero ningún historiador de la coctelería respalda las suposiciones de *La Estrella*, así que le apostaré a la ortodoxia. Lo probé hace muchos años justamente en Veracruz, tal vez en Córdoba, con otro nombre no muy eufónico: *menyuli* (al menos no se les ocurrió el término *julepe* que se usa en otros países, por ejemplo, España). El amable matrimonio que me daba aventón a la Ciudad de México decidió parar en otro bar de hotel para presentarme lo que calificaban de una rareza. Con justa razón. El Mint Julep no era ni es común en tierras mexicanas, aunque ya es más o menos fácil de encontrar en los bares chilangos y algunas hamburgueserías sofisticadas. Me gustaron tanto el trago lleno de hojas de menta, con un no sé qué de caramelo, cargadito de *whiskey*, como el jamón envinado que también era una especialidad de aquel sitio.

Alumno de universidad pública y, por lo tanto, hombre de cervezas de a litro y *whiskies* con sabor a *thinner*, no sabía que el coctel que me pusieron enfrente era una creación con certificado de sangre cien por ciento sureña. Lo componen cuatro ingredientes y una cantidad infinita de recetas, todas, desde luego, variaciones sobre el mismo tema.

Consigno la que me parece más habitual y que en mi experiencia funciona como un reloj suizo. El vaso de tipo bajo y ancho, como un *old fashioned*, es adecuado, aunque verás enseguida que hay opciones más barrocas y apegadas a la tradición. Dejas caer en el fondo cuatro hojas de menta (hay quien propone tres, hay quien dice que menos de siete es un crimen de lesa coctelería), dos cucharadas de agua y una de azúcar o jarabe, eso que los estadounidenses llaman *syrup*. Acto seguido, machacas y revuelves los ingredientes hasta que el dulce queda disuelto. Sin tardanzas, añades unos seis centilitros de *bourbon* o, mejor aún, la cantidad que te plazca, según la intensidad alcohólica que reclama tu paladar, pero siempre de *bourbon*; cualquier otro destilado es una herejía. Luego, revuelves una vez más, idealmente con una de esas cucharillas que usa el mixólogo o *bartender* de tus preferencias, antes de llenar el vaso de hielo picado, menudito, crocante. Y aquí el remate obligado: revuelves de nuevo hasta que el exterior del vaso esté escarchado. No falles con este detalle. Tiene la suficiente importancia como para que existan unos vasos especiales de plata, más largos y angostos que el *old fashioned*, que te permiten, entre otras cosas, certificar que el escarchado fue exitoso. Puedes sumar algunas hojitas extra a manera de adorno antes del primer sorbo fresco, dulce y sutilmente amargo, un sorbo como para darlo en el porche de tu casa sureña frente a un atardecer soleado (es la mejor manera de quitarle lo aburrido a los atardeceres soleados).

Es probable, pero no un hecho, que el Mint Julep haya nacido en el siglo XVIII, posiblemente en Virginia. Lo que sí es un hecho es que es un trago muy propio de Kentucky, el corazón del *bourbon*. Te lo puede contar un chico nacido en esa zona, el cronista gonzo Hunter S. Thompson, que en 1970 publicó en *Scanlan's Monthly* "El *Derby* de Kentucky es decadente y depravado", una crónica en primera persona que, con el estilo desbocado, barroquizante y fragmentario que lo distinguía, desvela por fin uno de los grandes misterios del mundo contemporáneo: por qué tanta gente hace tantos esfuerzos y gasta tantos dólares para ver una carrera de caballos. ¿Adivinas la razón? La gente no va a ver una carrera de caballos. Si la gente se traslada a Louisville es para disfrutar lo único que en esa jornada corre a más velocidad que los pura sangre: el Mint Julep, *la* bebida emblemática del *Derby*, que empieza su carrera más o menos a las ocho de la mañana, antes que los *jockeys*, y sirve como gasolina para una jornada de sexualidad sin frenos, entre otras cosas.

Pero el escritor más directamente vinculado con este coctel es William Faulkner, el mismo que mientras dejaba correr la pluma en esas noches interminables siempre tenía "al alcance" el vaso de *whiskey*. El vaso era de plata, canónicamente, y se conserva, en buen estado, en Rowan Oak, la casa en la que vivió desde los años treinta hasta su muerte en 1962, en Oxford, Misisipi.

Haz como él: aprovecha que ya lo puedes tener cerca y no te le separes. Porque el Mint Julep no te garantiza el Nobel de literatura, pero sí una agradable cabalgata a lomos del *bourbon*. Y dura más de dos minutos, o sea, más que la carrera de caballos.

MINT JULEP

NEGRONI
La bomba angloitaliana

Empiezo tomando vino blanco y sigo con dos botellas de *whiskey* al día. Luego dejo de comer. Después de cuatro o cinco días así, me enfermo y tengo que dejar de beber porque no puedo sostener ni un vaso con agua.

RAYMOND CHANDLER

Gente de bien con actitudes de bien: así podría calificarse a los que filmaron Roman Holiday (1953), conocida en español como Vacaciones en Roma o como La princesa que quería vivir. La dirigió William Wyler, todo un clásico de Hollywood.

Uno de los escritores, sin crédito, fue Dalton Trumbo, el más famoso de los autores de cine puestos en la lista negra del macartismo, un sujeto al que debemos *Johnny cogió su fusil* y *Espartaco*. La interpretaron, en sustitución de Cary Grant, Gregory Peck, un liberal de pura cepa en el sentido estadounidense del término y un actor serio, profesional, ajeno a turbulencias; y en sustitución de Elizabeth Taylor, Audrey Hepburn, que no debutaba en el cine estadounidense pero que alcanzaba su primer protagónico, ganado en un *casting* con algo de azaroso, como todos los *castings*. Ganaría el Óscar, pero antes que de la Academia tuvo un espaldarazo de Peck, ya una estrella. Le pidió a la producción que pusieran el nombre de la actriz en el mismo rango de protagonismo que el suyo, quiero imaginar que por una combinación de pragmatismo y decencia. Vaticinó Peck que esa delgadita con cara de porcelana ganaría el Óscar, y tuvo razón.

Se filmó en Roma, una ciudad que es casi un protagonista más de la película y que permitió a la Hepburn, inglesa de raíces, aficionarse a una bebida dos tercios italiana, un tercio inglesa: el Negroni. Que no te engañen la *i* final que parece disminuir su carácter ni el hecho de que le gustara a una mujer tan delicada y de apariencia inofensiva. Este coctel tiene más peligro que una víbora, como puede certificar un querido amigo, notable editor, que fue derrotado por la mano coctelera de otro, el escritor Rafael Pérez Gay, contundente para los negronis como la de un peso completo para los cruzados de derecha.

NEGRONI

El Negroni es un bombazo que también es un equilibrio perfecto de amargor, dulzura y potencia: un tercio de ginebra, un tercio de Campari y un tercio de vermut rojo italiano en un vaso corto, hielos y una rodajita de naranja, aunque hay quienes le apuestan al *highball* para sumar un poco de soda al compuesto.

Es un coctel de autor. O de autores. Se inventó en Florencia a mitad de los años veinte, cuando un conde, Camillo Negroni, decidió que estaba hasta las aristocráticas narices de tomar vasos de Bevanda, una italianada hecha con 50% de Campari y 50% de vermut, y que mejor le ponía un poco de personalidad al compuesto. Así que habló con el barman del florentino Café Casoni, le dieron vueltas al tema, se pusieron creativos y, finalmente, optaron por la ginebra. Atinaron.

La Hepburn pedía los negronis por pares, como dice el lugar común que se deben tomar los martinis. No sé, en cambio, cuántos pedía por sentada otra de sus aficionadas, Marguerite Duras, la novelista francesa que inventó algunos libros muy leídos sobre todo en los años ochenta, como la novela *Hiroshima mon amour*, convertida en película por Alain Resnais en 1959, y *El amante*, también llevada al cine en 1991. Pero queda confirmada una hipótesis: no hay nada que hacer cuando un escritor es francés y aburrido; ni la bomba angloitaliana resulta de ayuda.

OLD FASHIONED
Trago con acta de nacimiento

Duérmete tarde, diviértete, vuélvete loco, bebe y maneja rápido en calles vacías sin nada en mente salvo enamorarte y no ser arrestado.
HUNTER S. THOMPSON

Ni modo, hay que insistir: Mad Men es una serie impregnada de whisky. En términos generales, de whisky derecho y canadiense, que es el que le gusta a su protagonista, Don Draper. Pero también de whisky mezclado.

Draper tiene debilidad por el Old Fashioned, un coctel muy como su nombre: clásico, de prosapia, de un Estados Unidos antiguo, urbano, de hombres duros que, sin embargo, no le hacían el feo al *glamour*. Un coctel para bebérselo en lugares como el bar del Waldorf Astoria, para que nos entendamos. Eso es lo que se mete entre pecho y espalda el torvo publicista cuando llega a una comida, en ese vaso corto y ancho (justamente, *old fashioned*, el típico para el *whisky*), con una bebida ambarina y una ostentosa cáscara de limón, además del eterno cigarrillo en la otra mano.

El Old Fashioned es uno de esos cocteles con acta de nacimiento, aunque no sabemos si es muy exacta. En teoría, lo inventó el coronel James Pepper, dueño del que tal vez sea el más antiguo de los *whiskies* estadounidenses, el 1776, un *rye whiskey*, o sea, un *whiskey* de centeno. Eso significa que el muy "drapereano" coctel fue inventado en algún momento entre 1867 y 1906, por un aristócrata de Kentucky que tomó el relevo de una empresa que arrancó en su familia el año de la etiqueta, que es el año de la Revolución estadounidense.

No es un secreto que la coctelería tuvo una época dorada en los años de la Prohibición, cuando los restaurantes tenían que camuflar de algún modo el alcohol que vendían de manera totalmente ilegal. El Old Fashioned era uno de los cocteles más taquilleros, a pesar de que su receta exige un *whiskey* perfectamente estadounidense, sea *bourbon*, sea uno de centeno, cuando Estados Unidos estaba invadido de destilados canadienses, como ese Canadian Club que trafica Nucky Thompson, el personaje de Steve Buscemi en la gran serie *Boardwalk Empire* que produce Martin Scorsese, el mismo que consume por litros Draper cuando está en la oficina.

Pero no eran años para andarse con tantas delicadezas, así que, es de suponerse, no quedaba sino pasar por alto la suavidad canadiense, evitar la nostalgia por la potencia yanqui y tomarse el coctel que, en cambio, llevaba el condimento insuperable de lo prohibido. Por contraparte, estos tiempos de mercado libre son, ni duda cabe, tiempos de delicadezas. Por eso, hay que acatar las recetas, sobre todo cuando se trata de un clásico entre clásicos.

Debes tomar un vaso como el descrito líneas arriba, echar al fondo una cucharada sopera de azúcar (se vale un terrón), añadir unas gotas de amargo de angostura y un poquito de agua o soda, disolver en esa mezcla el azúcar e impregnar el vaso con el almíbar resultante. Sólo falta sumar la rodaja de naranja con un apretón para liberar sus néctares, poner cuatro medidas de *whiskey*, dejar caer dos cubos de hielo y la cáscara de limón y tomar un par de decisiones que en ningún caso te sacarán del canon: un golpe extra de agua mineral o no, una cereza al *maraschino* o no.

PISCO
Bebida de bandera

Prefiero ser un bebedor conocido que un alcohólico anónimo.
DICHO POPULAR

Como una bebida "espantosa": así catalogó Mario Vargas Llosa, todo un premio Nobel, al pisco, luego de que surgiera uno de esos rumores según el cual, el insigne novelista estaba muy entusiasmado con la promoción de la "bebida de bandera" de su patria.

Porque eso es el pisco, una bebida de bandera, y no de uno sino de dos países. Puedes imaginarte que el atrevimiento por poco causa que le retiren el pasaporte peruano, como estuvo a punto de pasarle en 1993, luego de que perdiera las elecciones con Alberto Fujimori, el grandísimo hampón que lo amenazó con volverlo un apátrida. Y, de haberlo tenido, quizás habría perdido también el chileno, porque el acta de nacimiento del pisco es un asunto de debate férreo, agreste, de orden casi nacionalista, o sin el *casi*.

No se disputan su invención ambos países, pero sí el derecho a usar el nombre en la etiqueta. El pisco es un destilado de uvas, lo que lo hace un pariente cercano al *brandy* y un poco menos a la *grappa* italiana o al aguardiente de orujo español, que nacen de las uvas pero, a diferencia del pisco, no de las que se convierten en vino, sino de las hermanas pobres que no se pueden aprovechar para ese noble fin en la vendimia. Hay consenso respecto de que apareció en Perú hacia el siglo XVII, tal vez incluso el XVI. Los peruanos argumentan que por eso mismo y porque nació en la localidad de Pisco, es una denominación de origen. Vaya, que sólo ellos tienen derecho sobre la palabra. Los chilenos reviran con el argumento de que registraron el nombre tan lejos como en 1931, y que tienen una localidad llamada así, Pisco Elqui, más o menos desde esas fechas.

Pero si hay disputas respecto al nombre, mejor ni te explico lo que pasa con el más famoso de los cocteles derivados del pisco: el Pisco Sour. Los historiadores se envuelven, de nuevo, en la bandera y, según en qué lugar del mapa te pares (o te acodes en la barra), te dirán que es peruanísimo, como lo demuestran las referencias que aparecen en alguna revista de los años veinte, o de una chilenidad a prueba de fuego, si le crees a cierto anuncio de aquellas mismas fechas o a la novela *La chica del Crillón*, de Joaquín Edwards Bello, de los años treinta.

Si eres peruano, someterás a tu invitado a una experiencia singular, porque el Pisco Sour a la peruana lleva huevo crudo. Como lo lees. Tomas tres partes de pisco por una de limón y una de jarabe de goma, que viene a ser un almíbar, más una clara de huevo, una gota de angostura y hielos; llenas la coctelera, agitas y sirves. Si eres chileno, la fórmula excluye el huevo e incluye dos partes de pisco por un tercio de limón, una cucharada de azúcar glas y tres cubos de hielo. Sé preciso: los chilenos lo recomiendan enfáticamente, y has de respetar las medidas como quien hace un compuesto alquímico. Añades tres hielos, ni uno más ni uno menos, y agitas durante ocho segundos exactos. De otro modo, la mezcla no culmina o el coctel se vuelve aburridamente acuoso.

No soy, ni mucho menos, un experto en asuntos del pisco —lo que, dicho sea de paso, me puede instalar en una posición riesgosa, porque mi editor tiene algo de peruano y algo de chileno—, y no es este primo del *brandy* una bebida habitual en tierras mexicanas, así que este apartado me demandó una somera investigación. La búsqueda, como todas, me llevó a un ámbito francamente inesperado, el de Herman Melville. Sí, me refiero al mismo sujeto que inventó a Moby Dick, al lacónico Bartleby y al asesino justo Billy Budd, uno de los grandes del siglo XIX estadounidense y un hombre que, empujado más por la pobreza que por la vocación, navegó, como en un libro escrito por él mismo, tanto en un ballenero del que desertó, como en un barco australiano que lo rescató de una de las islas del Pacífico donde convivió durante tres meses con una tribu caníbal. Lo dice Jorge Luis Borges en el volumen dedicado al escritor navegante de Biblioteca Personal, una colección maravillosa que no se entiende por qué no ha sido reeditada: "Padeció rigores y soledades que serían la arcilla de los símbolos de sus alegorías".

En uno de esos devaneos marítimos, Melville, en efecto, hace referencia al pisco. Es en *Las Encantadas* o *The Enchanted Islands*, publicado en 1854, que no se sitúa en tierras estrictamente pisqueras, pero sí cerca: son tierras ecuatorianas, Las Galápagos, geografías agrestes que no mucho antes atrajeron a un tal Charles Darwin, desérticas, solitarias, propicias para la piratería o para abandonar a una viuda, como dice Melville que pasó en la isla Norfolk. ¿Cómo sobrellevaba la viuda ese exilio atroz? Con pisco. Al menos se ahorró la clara de huevo.

PURA MALTA
Medicina para el alma

Me gustan el *whisky* viejo y las mujeres jóvenes.
ERROLL FLYNN

En la Navidad de 1929, Kid Chocolate, campeón mundial de los pluma y los ligero, nacido en 1910 en El Cerro, es decir, en La Habana más habanera, sale a las calles de Manhattan con una gorra de gamuza en la mano: acaba de realizar una sesión de fotos publicitarias.

Ya es una figura del boxeo, aunque todavía no se gana la candidatura a mejor kilo por kilo de todos los tiempos: le falta mucha carrera. Fino a la manera única de los boxeadores cubanos, impecable en el vestir, se encamina a un Cadillac interminable cuando un niño de ocho años se le acerca, encantado, cómplice, caradura, con la guardia arriba, bien dibujada. El descaro tiene premio: el Kid, cuya acta bautismal lo presenta como Eligio Sardiñas Montalvo, charla con él unos momentos y le deja la gorra.

Muchos años después, Eligio, empobrecido, retirado por la tuberculosis ósea, cuerdo a pesar de que alguna de sus varias decenas de amantes le pegó la sífilis, vuelve a Nueva York. Lo invitó otro de los grandes de la "dulce ciencia" que le debemos a Cuba, Kid Gavilán, que lo quiere en su esquina cuando defienda el campeonato ante Johnny Saxton, pero que, sobre todo, lo quiere para la foto, porque el Kid prestigio sí atesora. Un día, mientras Chocolate vegeta en el gimnasio donde se entrena el otro Kid, se le acercan dos mastodontes impecablemente vestidos que lo invitan a saludar a un "admirador". Un rato después, alguien le ofrece un trago en un bar lujosísimo. Pide un *whisky* triple en las rocas; puede haber nacido en la Cuba marginal, pero no pasó en blanco por las altas esferas sociales en sus días de gloria.

La historia la cuenta otro cubano aficionado al *whisky*, Eliseo Alberto, en una perla de crónica: "126 libras de chocolate". Así que conviene agarrarla con pinzas, porque un fabulista prodigioso, el Kid, se la contó a un segundo, Lichi. Pero qué ganas de que sea verdadera. Porque en el bar, un ratito después, aparece el otro que, en la extendida historia de este deporte, podría disputarle a Muhammad Ali el título de más grande de todos los tiempos, cosa en la que está de acuerdo el propio Ali: Sugar

Ray Robinson, ese elegante esgrimista al que acaso viste en *El toro salvaje*, la gran película de Martin Scorsese sobre Jake LaMotta. Lleva en la mano la gorra de gamuza y un cheque a modo de agradecimiento. Un cheque en blanco: la conversación de aquella Navidad, le dice a Eligio, lo hizo profesional.

El Kid declina. La gorra, le dice, se la regaló una cubana amiga de Greta Garbo que, piensa uno porque lo sugiere él, habrá sido algo más que una amiga. Y hace una contraoferta: sírveme otro *whisky*, devuélveme la gorra y así soy yo quien queda en deuda. Ahí selló Eligio un destino de pobreza al rechazar el cheque. La gorra, al final, la perdió.

Lo que narra Eliseo Alberto es una de las peores negociaciones de la historia: una cantidad de seis cifras por dos *whiskies*, o seis, en términos matemáticos. Pero seamos justos: pudo ser mucho peor; era un *single malt*. Y es que ya entonces trepaba el destilado escocés por el escalafón social de las bebidas rumbo a la cumbre, en detrimento, por ejemplo, del coñac.

Whiskies hay muchos. Hay estadounidenses: *bourbon*, centeno, Tennessee. Canadienses. Galeses. Incluso japoneses, buenos y (excesivamente) caros; entre ellos, el Yamazaki, que empezó a producirse en la década de los veinte, y el Suntory. Y hay irlandeses, por supuesto. Cuenta la leyenda, algunos dirían que también la historia, que ellos, los irlandeses, patentaron esta bebida por ahí de la alta Edad Media, y tuvieron un mercado respetable para su triple destilado de cebada, muy suave, hasta que la Prohibición en Estados Unidos, en 1920, les conectó un recto a la barbilla. Desde entonces, la mayor parte de su producción termina en el mercado local, aunque hay etiquetas, como el Jameson, el Bushmills y el Tullamore Dew, que pegan fuerte en los mercados foráneos, de cualquier forma dominado desde hace mucho por sus vecinos escoceses.

Y es que si de *whisky* se habla, están los escoceses y todos los demás. Pero incluso en Escocia hay jerarquías. Es seguro que Escocia empezó a destilar esta bebida antes de 1494, año del documento más antiguo que certifica la existencia del "agua de vida" y que le debemos a un monje, para que no digan que lo único que ha traído la Iglesia son desgracias. También es un hecho que los destiladores más antiguos del reino son los Haig, que trabajan por el bien común desde no antes de mediados del siglo XVII. Pero el consumo de caldos escoceses realmente se disparó hacia la segunda mitad del siglo XIX, entre otras razones porque la filoxera (un insecto parecido al pulgón) redujo de manera dramática la producción de coñac en Francia. Desde entonces, del enorme volumen de *whisky* que producen los chicos de las faldas, casi 90% es de *blended*, es decir, mezclados. Y van las aclaraciones pertinentes.

Un *whisky* es escocés, como ya se mencionó, si no se escribe con *ey* a la manera estadounidense e irlandesa, sino sólo con *y*, *whisky*. Por otra parte, es escocés si la destilería usó cebada malteada y dejó envejecer el destilado en barricas de roble durante al menos cinco años y si no se usaron otros ingredientes que el agua y tal vez un poco de caramelo.

Luego están las formas de ser escocés. Los *blended* son aquellos que mezclan diferentes caldos, unos hechos de pura malta, otros con varios cereales. Hay otra categoría mucho menos común, la de los *blended malt* o *vatted malt*, que son una mezcla de *whiskies* pura malta, es decir, *whiskies* hechos exclusivamente con cebada. Pero el tope de la cadena alimenticia lo ocupa la aristocracia del *single malt scotch whisky*, para usar su nombre completo. Lo de *malteada* significa que los granos de cebada fueron puestos a germinar en agua y que el proceso de germinación fue interrumpido con aire caliente, lo que permite la formación de enzimas que generan azúcares (qué haríamos sin las enzimas, Dios las bendiga). Los *single malt* sólo pueden estar hechos de cebada malteada proveniente de la misma destilería.

¿Complicado? Pues aún te falta aprenderte las regiones escocesas del pura malta. Están los pura malta de las tierras altas o Highland Single Malts, divididos en dos subregiones: los Island y los Speyside. Súmales tres regiones más: Islay, Lowland y Campbelltown. Cuatro regiones que contienen un verdadero universo de matices, olores y colores, pero que exigen ciertas formas. Formas de beber, quiero decir. Y viene aquí otra disquisición con elementos casi teológicos: ¿cómo debes beberte un *single malt*? En *Whiskey*, Udo Pini dice que cuanto más te alejas de Escocia, más hielos hay en el vaso. Es cierto: vean a Kid Chocolate con su triple en las rocas. Al parecer la gracia de Eligio en el *ring* no se extendía a la barra del bar.

Un pura malta se debe ingerir sin hielos, porque el hielo inhibe por enfriamiento el sentido del gusto, pero con un chorrito de agua para matizar el golpe de alcohol, tan fuerte que inhibe el mismo sentido. ¿Cuánta agua? Según el comensal. Pero hay una costumbre de otros tiempos, en los que se fumaba en interiores: los tres o cuatro milímetros de una cajita de cerillos puesta de canto. Suficiente agua. Para el *single malt* y probablemente para este libro.

El *whisky* no es sencillo. No es un digestivo pero tampoco un aperitivo. No sólo eso. El escritor Nicolás Alvarado, que debería haber hecho este libro, dice con verdad que es una bebida introspectiva, hecha para la intimidad o como mucho para la conversación de dos. Tiene razón en lo esencial, aunque pocas medicinas más eficaces para una mesa aburrida que un vasito de pura malta que te mande de viaje a los interiores de tu alma fastidiada.

RICKEY

El triunfo de la ginebra

Toda su generación bebe por las razones equivocadas. Mi generación bebe porque es bueno, porque se siente mejor que desabrocharse la corbata, porque nos lo merecemos. Bebemos porque es lo que los hombres hacen.
ROGER STERLING (personaje de *Mad Men*)

¿Te imaginas lo que habrá significado ser amigo de Hemingway? Puedes figurártelo siempre al filo de un quiebre depresivo, en busca de una experiencia al límite que lo alejara por un rato del sol negro de la melancolía que lo ensombreció toda la vida, eternamente alcoholizado.

Era el tipo de amigo que te da puñetazos en el hombro, limpia el arma enfrente de ti mientras se empuja media docena de tragos y busca una pelea de bar en la que no tienes ganas de meterte.

No obstante, Hemingway tuvo amigos. Uno de ellos, Francis Scott Fitzgerald, fue tan escritor y tan dado al alcohol como él. Compartieron esos años únicos para la literatura estadounidense que tuvieron como escenario París y alguna otra ciudad de Europa, los años de la primera posguerra mundial, en los que circulaban por los cafés nocturnos y la casa de Gertrude Stein sujetos como John Steinbeck, John Dos Passos y Ezra Pound o el gran Cole Porter entre los músicos, esos años que Hemingway retrata de manera brillante en *París era una fiesta* y Woody Allen en *Medianoche en París*. La amistad duró poco, hasta mediados de los años veinte, tanto como tardó *Papa* Hemingway en dejar caer la franqueza ruda y probablemente no muy bien intencionada que lo distinguía (nunca lo es cuando se asoma tanta violencia verbal) en dos cartas y un relato, "Las nieves del Kilimanjaro", en los que retrata a Fitzgerald como un hombre débil, aburguesado, cobarde y entregado a una literatura abiertamente comercial, "alimenticia", como decía Luis Buñuel de algunas de sus películas. Fue injusto, no hace falta decirlo: Fitzgerald dejó al menos tres extraordinarias novelas (*Al este del paraíso*, *Suave es la noche* y *El gran Gatsby*) junto a un puñado grande de buenos cuentos, y vivió una vida corta

(46 años) y dura, castigado por la dipsomanía propia y la esqui-
zofrenia de su esposa Zelda.

En general, su literatura está cargada de alcohol, concretamente de ginebra, su bebida favorita y la que casi coprotagoniza
Al este del paraíso, para no hablar de *El gran Gatsby*. La consumía bajo la forma de un coctel que se ha preparado de muchas
formas, pero que sobrevive sólo en casi una de ellas, su favorita.
Me refiero al Rickey.

Se hace en un vaso largo, un *highball*, y francamente
no se necesita ser un genio de la mixología para ela-
borarlo. Echas en el jaibol unos cubos de hielo, añades
dos partes de ginebra por tres cuartos de jugo de limón, agregas agua gasificada, revuelves muy sutilmente y decoras con una rodaja de limón. Eso es todo.
Pero no siempre fue ni siempre es así este sencillo
pero imperecedero coctel. Aunque la versión con ginebra es la más habitual, el Rickey fue inventado en
1880 en la versión de *bourbon*, y se consume todavía
con vodka, ron o *whiskey* de centeno.

SCHNAPPS
Ni en el Apocalipsis

No hay creación humana que haya producido tanta felicidad como una buena taberna.
SAMUEL JOHNSON

El mundo llegó a su fin. Todavía no sabemos por qué razón, la mayor parte de la humanidad se convirtió en hordas de zombis que deambulan por los caminos, los edificios y los bosques en busca de carne humana que apague su hambre permanente, animal, desaforada.

SCHNAPPS

Una chica delgada y rubia, apenas en la postadolescencia, reco-rre el páramo apocalíptico que alguna vez fue Estados Unidos en compañía de un también joven pero ya veterano sobreviviente, un cazador surgido de los estratos rurales *white trash*, como dice él mismo. Están desesperados. El campamento donde vivían fue destruido; sus compañeros, muertos o desperdigados; su escaso armamento desapareció casi por completo. Están sucios de tierra y sangre, zarrapastrosos, el pelo en gajos, sin armas de fuego. Tie-nen hambre: comen, de pronto, alguna ardilla, alguna víbora que logran cazar con muchos esfuerzos, y poco más. Están rodeados de muertos vivientes que no se entiende cómo pueden tener tan afilada la dentadura y acechados por personas de muy dudosa calidad moral: "Me cuesta creer que los buenos hayan sobrevi-vido después de todo ese tiempo", dice él con un darwinismo desolador e irrefutable. La chica, por añadidura, perdió a toda su familia: a la hermana, que busca a su novio por los caminos pero ella no lo sabe; y al padre, un buen hombre, alcohólico rehabilita-do, religioso, sereno, asesinado de manera cruel con una espada de samurái. Entonces, se inclina por la única decisión razonable, pragmática, que puede tomar en ese contexto: probará el alcohol, incluso cuando encontrar una botella signifique correr un riesgo extra que, dirías, no puede justificarse en semejante escenario. O sí. ¿Quién aspira a morir sobrio cuando todo se fue al carajo?

En la búsqueda, encuentran un antiguo club de golf sembra-do de zombis. Parece un buen lugar para toparse con alguna botella: los ricos acompañaban el deporte con alcoholes finos. Cruzan el campo, entran al salón, dan con la barra, apartan copas manchadas de sangre y botellas vacías, tiran unos dardos contra la pared, escombran y, por fin, la chica encuentra media botella de un líquido transparente. "Schnapps de durazno", lee en voz alta. Su acompañante, decidido, le quita la botella y la rompe contra el piso. "No voy a permitir que tu primer trago sea de esa mierda", le dice casi textualmente. Al final, la chica hará su debut con aguardiente de una destilería clandestina bebido en algo así como un frasco de mayonesa reciclado. Ni con la llegada del fin del mundo tiene éxito el Schnapps, al menos fuera de sus geografías naturales.

¿Por qué un rechazo tan firme? Es difícil decirlo. En Estados Unidos, el Schnapps es una especie de almíbar alcoholizado, metido en botellas de consumo masivo, no exactamente pleno de ingredientes naturales. No merece una resaca entre zombis purulentos, salvo que quieras estropearle el sabor a la carne para el día en que te coman. Pero el capítulo de la cuarta temporada de *The Walking Dead*, la serie en la que disfrutamos esa comprensible búsqueda del grial etílico, no da pistas sobre el origen de la bebida en cuestión que, no obstante, por su transparencia y el porte decoroso de la botella, podría ser alemán o cosa parecida. Y es que el Schnapps o *schnaps*, en lengua alemana, es un aguardiente, muy propio de zonas germanoparlantes: Alemania misma, Suiza, Austria, Alsacia. Es un término genérico. Se refiere a una bebida producida mediante fermentación y una destilación posterior que se hace, sobre todo, de frutas. Si es bueno y auténtico, no lleva azúcar añadida. Y es potente: no puede bajar de los 30 grados y, en general, llega a los 40.

Rarísimo entre comensales que no viven en el centro o el norte de Europa, el Schnapps es muy apreciado en aquellas tierras. Leo en una nota de prensa que los dieciocho miembros de la academia que entrega el Nobel se reúnen todos los jueves en un restaurante de Estocolmo que lleva el nombre muy conveniente de La Paz Dorada y que, nos dice el cronista, inició labores en pleno siglo XVIII. Es, claro, rigurosamente tradicional: arenques, salmones... Te darás una idea. Bien, cada uno de los académicos tiene un vasito con su nombre para la hora del Schnapps.

Me pregunto si alguien, al día del Apocalipsis zombi, los romperá contra el piso, libre por fin de pruritos regionalistas.

La llegada del fin del mundo nos hará libres.

SUBMARINO Y BOILERMAKER

Sacúdete

Por eso no veo *American Idol*: es como karaoke sin alcohol.
TRACY MORGAN

Otro tema que se discute con frecuencia en las charlas sobre alcoholes es hasta qué punto es digno o recomendable acompañar tu trago con una cerveza, o tu cerveza con un trago.

Los aficionados al mezcal dicen que ese matrimonio es totalmente contra natura, pero en las mezcalerías suelen vender cervezas heladas que la gente usa para refrescar el gaznate luego del zambombazo de agave. Los estadounidenses se precian de la calidad de su *whiskey*, pero suelen darle al *bourbon* derecho y tener a tiro una de esas cervezas muy ligeritas que enlatan o embotellan por millones, a manera de acompañamiento.

¿Y el tequila? Hay puristas por todos lados, pero en alguna época, por ahí de los años cincuenta y todavía hacia los ochenta, era común y aplaudido sacudirte con un Submarino. Porque eso es lo que hace el Submarino: te sacude. Es una bebida de alto octanaje en la que la cerveza pierde espuma con la bomba de profundidad del agave, cuyo sabor se diluye; pero por alguna razón el resultado es explosivo. Uso habitual del Submarino: matarte una cruda, tal vez con un plato de birria por delante.

Agarras un tarro de buen tamaño, lo llenas de cerveza que normalmente será clara y le dejas caer un caballito de tequila, me parece que en general del blanco y supongo que no de los que cuestan dos o tres mil pesos.

Así se llama, sí: Submarino, y no ha gozado de mucha atención en los estamentos literarios. Tendrás que confiar en mi turbia memoria con el consuelo mínimo de que no me la he estropeado con esta mezcla que, la verdad, me parece muy dudosa. Recuerdo una crónica en la que Rafael Pérez Gay se refiere con sorna a ella como a *Das underboot* y alguna otra del hispano-mexica Edmundo Domínguez Aragonés, que no aporta mayor cosa.

Sacúdete si te atreves, pero no me hagas reproches cuando la esencia del tequila vuelva, terca, desde el esófago, impulsada por el empanzonamiento cervecero.

O la esencia del *whiskey*. Porque el Submarino tiene un primo "del otro lado", un primo gringo, al que puedes visitar si lo prefieres. Tiene nombre: Boilermaker. Lo que ya te da una idea de sus orígenes, porque un *boilermaker* es un trabajador de los que se gana la vida con el soplete y la máscara, soldando fierros, elevando cubos, cilindros, contenedores de metal; *boilers*, sobre todo: calentadores. Ni a coctel llega este primo. ¿Has visto esas películas en las que el antihéroe, deprimido, se mete *shots* de *whiskey* con tragos de cerveza a pico de botella en un bar más bien cutre? ¿O esas comedias románticas en que la pareja termina de enamorarse mientras cumple con ese mismo ritual? Lo que hacen esos personajes es beber boilermakers: un *whiskey*, una cerveza, y ninguna pausa para deglutirlos. La versión sofisticada admite un tarro de cerveza. Nunca, de ninguna manera, uno de esos vasos altos y estilizados. No es propio.

Dejo este apartado con una pregunta ontológica más que con una anécdota. En una de las buenas series de televisión recientes, *True Detective*, protagonizada por Woody Harrelson y Matthew McConaughey, el policía interpretado por este acepta someterse a un largo interrogatorio sobre un antiguo caso siempre que le permitan fumar cigarrillos en cadena y le lleven un *six pack* de latas de medio litro, de esas que le gustaba usar a Stephen King para escribir antes de rehabilitarse. De pronto, el susodicho saca del bolsillo una anforita de metal y empieza a meterse tragos entre cerveza y cerveza. ¿Califica esa mezcla como Boilermaker?

TEQUILA
Derecho y sin adornos

Soy católico. No puedo cometer suicidio, pero planeo beber hasta matarme.
JACK KEROUAC

De ser mexicano sin duda ya te aprendiste al menos un fragmento de "El brindis del bohemio" que, a ojos maliciosos, podría justificar el dudoso chiste que dice: "¿Sabes por qué los mexicanos usan bigote? Porque se quieren parecer a su madre".

Me vienen estas ideas a la cabeza luego de leer una joya de ese buen escritor que es José de la Colina. Se llama "La Madre y los seis alegres bohemios", me parece que califica con méritos sobrados como ensayo, aunque los textos de Pepe suelen tomar lo mejor de varios géneros, y contiene una mala leche muy agradecible. Es cosa rara lo de contar la trama de un poema, pero en este caso es pertinente. En una cantina, seis "bohemios" reflexionan (filosofan), se entristecen, ven sus ojos llenarse de lágrimas. Brindan. Es invierno, llega el nuevo año y es momento de hacer corte de caja, qué caray. Uno de ellos, Arturo, "de noble corazón y gran cabeza", transido de pulsiones inconscientes y conscientes, eleva la copa y le dedica el brindis a una mujer. Pero no a cualquiera. No, no a esas criaturas traicioneras y veleidosas que nos rompen el corazón. La dedicatoria es para su madre, y cito como cita José de la Colina, porque lo hace inmejorablemente: "Por la anciana infeliz que sufre y llora / y que del cielo implora / que vuelva yo muy pronto a estar con ella / por mi madre, bohemios, que es dulzura / vertida en mi amargura…".

Ah, qué destilado de mexicanidad. Haz de cuenta que los siglos acumulados de disfuncionalidad freudiana *avant la lettre*, de machismo poscolonial, de México bronco y profundo pero lloroso, cayeron, luego de una larga destilación, en los versos del potosino Guillermo Aguirre y Fierro. Qué visionario; qué profeta en verso. No sabemos mucho de él. Nos consta que vivió de 1887 a 1949, que ejerció el periodismo y que le gustaba la vida nocturna, el oficio de noctámbulo, muy en la tradición del siglo XIX mexicano. Eso, y que le daba por versificar con singular éxito. Cuánto del siglo XX patrio está en esas rimas: el charro de rodillas frente a su mamacita, Sara García, la otra madre de todos los mexicanos (la primera es la Virgen, claro); las radionovelas y las telenovelas; la música ranchera; ciertos momentos del cómic más popular. México, que no lee, lee poesía. Cierta poesía, como dijo, creo, José Emilio Pacheco. No la de las vanguardias de la primera mitad del siglo, no la de Octavio Paz, desde luego no la de los jóvenes beneficiarios del sistema de becas estatales para la creación —prueba de que el México profundo también tiene sus críticos literarios de buen gusto—, pero ciertamente la de Jaime Sabines, la de Salvador Díaz Mirón cuando nos dice que su plumaje es impermeable a los lodos de la existencia y desde luego "El brindis del bohemio", que solía ser un éxito de taquilla en las cantinas como la que convoca a los amigotes de este poema y que seguramente todavía pone agua en los ojos de algún hijo pródigo. Y sin embargo, falta algo en el poema, mexicanérrimo como es. Falta el tequila, como observa con tino De la Colina.

"Copas pletóricas de ron, *whisky* o ajenjo", canta Aguirre y Fierro. Claro que, dice Borges por ahí, no aparece un camello en toda la Biblia. ¿Por qué tendría que haber tequila en "El brindis del bohemio"? Después de todo, en la primera mitad del siglo XX esa bebida era todavía sospechosa, como el mezcal o la ginebra en sus orígenes y a diferencia de la champaña o el coñac.

En efecto, el tequila no fue siempre una bebida extendidamente aceptada por las clases medias o altas, sobre todo las urbanas, porque durante toda la primera mitad del siglo xx la bebida de estatus era el coñac, y si no me crees asómate a las novelas de la Revolución mexicana, con sus generalotes cobrándose en destilados franceses lo mucho que habían hecho por la patria.

No es propiamente que fuera una bebida marginal. Hace décadas que forma parte de nuestra mitología urbana y política, gracias a personajes como la cantante Chavela Vargas, que durante muchos años se bebió una botella diaria sin castigo evidente a su salud, o el líder sindical Fidel Velázquez, que la consumía con moderación, pero con disciplina cotidiana, igual que los puros y los chilaquiles. Tampoco parecen haberle hecho el feo José Alfredo Jiménez, que es algo así como el Bob Dylan de la canción ranchera y además el padrino artístico de la Vargas, o un poeta como Efraín Huerta. Ni mucho menos José Revueltas —así lo retrata el escritor Fabrizio Mejía Madrid en un reportaje que pu-

blicó en la revista *Proceso* (se titula "Las cuatro resurrecciones
de José Revueltas")—, un novelista, preso político, comunista y
católico que pertenecía a una familia de talentos hundidos por el
alcoholismo. Pero hablamos, si lo piensas, de personajes de una
mexicanidad de hierro, de esa mexicanidad convertida en cliché:
el compositor o cantante ranchero, el líder sindical incrustado cí-
nicamente en las cúpulas del poder, el poeta (notable poeta) con
algo de voz y mucho desparpajo populares, el militante severo.
Una mexicanidad cercana a la de los charros de la llamada Época de Oro del cine mexicano, los que encarnaron más que ninguno Infante y Negrete, a los que también vimos hasta las cejas de
agave en más de una ocasión.

Clichés aparte, la historia del tequila tiene sus años. Es ya un
lugar común, otro de los muchos que rodean a esta bebida, que
la primera casa productora en un sentido formal es la Cuervo,
que recibió la licencia para producir lo que entonces llamaban
"vino de mezcal" de manos de Carlos IV, es decir, a finales del
siglo XVIII. Es una denominación de origen que tiene su corazón
geográfico y espiritual en Tequila, un pueblo de Jalisco. Como
el mezcal, se produce mediante la destilación de un agave previamente fermentado: el agave azul. Existe un tequila cien por
ciento de agave, el más caro, el más sutil, y un tequila que califica
para llevar el nombre en la etiqueta pero que puede tener hasta
49% de azúcares añadidos de otra procedencia; la caña de azúcar,
por ejemplo.

Luego hay varias clases de tequila, análogos a los tipos de mezcal. Está el blanco, al que muchos puristas consideran el único aceptable; el reposado, que pasó un mínimo de dos meses en barricas de roble; el añejo, que descansó en esas barricas no menos de un año, y el extra añejo, que hizo el sueño de los justos durante tres años o más.

Si el tequila asoma las narices durante los años del nacionalismo revolucionario mexicano, los del muralismo, el cine rural y los cantos a la grandeza patria, cuando se integra de manera definitiva al *establishment* y se vuelve una lucrativa parte de nuestras exportaciones es a principios de los años noventa, durante los cuales, casualmente o no, México se abre ya por completo a los mercados extranjeros y el tequila, como Frida Kahlo, empieza a consumirse en forma masiva en el mundo. Por eso, supongo, un novelista joven como Álvaro Enrigue, que —aseguran— lo ha bebido de manera copiosa en algunos momentos, le dedica unas cuantas páginas incisivas, malalechosas, en *Decencia*, una novela construida en gran medida para desbaratar algunos iconos patrióticos mexicanos. Salva al tequila blanco, pero, si eres aficionado a este líquido, no leas sus teorías sobre cómo se inventaron y fabricaron los reposados.

A diferencia del coñac o el pura malta, que sólo en ambientes muy, pero muy dudosos se beben mezclados o con bebidas de acompañamiento (un amigo arqueólogo que hizo trabajo de campo en el Durango rural durante los noventa me contó que los narcotraficantes locales bebían cubas libres de Hennessy XO con Coca-Cola), el tequila ha sido visto y aceptado como bebida buena para mezclas o matrimonios desde hace mucho. Están los casos del Margarita o el Sunrise, atendidos en otras páginas, pero tampoco han escaseado aberraciones como el Charro Negro, que lleva tequila, cola y jugo de limón a terceras partes o, peor aún, la Cucaracha. Este monumento al *kitsch* lleva partes iguales de tequila y licor de café, que beberás con una rareza: debes prender fuego a la mezcla antes de absorberla con un popote.

Este libro acepta muchas cosas, incluso bebidas en llamas y eso con muchos recelos, pero no beber alcohol con popotes. La tolerancia tiene un límite.

Aunque ningún trago hecho con tequila ha causado más estragos que el Muppet, símbolo de toda una época, la de los años ochenta. Seguramente lo recuerdas. Tomas un caballito tequilero, lo llenas a mitades con 7Up y tequila barato, tapas el vasito con la palma de la mano y una servilleta o un trapo de cocina si eres remilgoso al tiempo que lo sujetas con firmeza, lo golpeas unas cuantas veces en la mesa o la barra del bar y deglutes, sin respirar, de un trago: de hidalgo, como se solía decir entonces. Luego, le das un puñetazo en el hombro al de al lado y gritas algo como "¡A huevo, güey!". Se publicó hace tiempo en algún periódico la noticia de que el inventor de este trago fue, en efecto, Jim Henson, o sea el creador de los Muppets originales, las marionetas delirantes que todos conocemos, durante una visita a México. No hay pruebas. Si lo hizo, estoy casi seguro de que fue sin el puñetazo y el "a huevo güey".

Menos agraviantes son las cervezas como *chaser*, la sangrita preparada, que es un mejunje entre picante y dulce que suele acompañar al tequila en un vasito anexo, o el hábito de chupar un limón y algo de sal antes de meterte un trago. Aunque hay quien puede encontrar modos interesantes de usar estos últimos elementos.

El abuelo de un amigo, veterano del Escuadrón 201, aquel que peleó la Segunda Guerra Mundial —es un decir— en el Pacífico, me contó que en los prostíbulos locales, donde los nuestros libraron batallas de otro tipo, las chicas se te sentaban en las piernas, sostenían entre sus labios el gajo de limón y lo exprimían en tu boca con un beso largo, cítrico, suave pero firme.

Lo habitual, claro, es que el tequila, sobre todo un 100% agave azul, te lo tomes derecho, sin adornos, en un vasito o una copa estrecha. Es muy importante que no te apresures. Si lo que quieres es llegar al estado en que se recita "El brindis del bohemio", créeme, lo conseguirás. El tequila, si le das tiempo, es confiable: siempre te hace perder los estribos.

TEQUILA SUNRISE

Amarillo y molesto como el sol

Soy alcohólico. Soy drogadicto. Soy homosexual. Soy un genio.
TRUMAN CAPOTE

¿Por qué tuvo tanto éxito este trago? Quizás porque el director y escritor, Robert Towne, un veterano de la generación del New Hollywood, ya gozaba de una buena reputación cuando escribió el guion de la película homónima, o porque antes escribió Chinatown, ese peliculón de Roman Polansky.

Más probable, sin embargo, es que la responsabilidad de los más de cien millones de dólares en taquilla, muy dignos para 1988, recaiga en el elenco. Ahí estaban Michelle Pfeiffer, sencillamente espectacular en aquellos tiempos, Mel Gibson, cuya belleza testosterónica todavía opacaba su bipolaridad, y Kurt Russell. La verdad es que la película es un *thriller* demasiado barroco, demasiado elaborado, con Gibson como un traficante en proceso de rehabilitación. El *thriller*, cuando no sigue tres o cuatro líneas argumentales muy claritas, no prospera. Pero se llama *Tequila Sunrise*, y en esa medida no podemos pasarlo por alto.

Y es que el Tequila Sunrise es lo que la Asociación Internacional de Bartenders —porque hay una Asociación Internacional de Bartenders— denomina un clásico contemporáneo. Eso se traduce en que empezó a servirse hacia los años treinta avanzados, al parecer en el Arizona Biltmore Hotel, una joya que suele atribuirse a Frank Lloyd Wright, aunque el papel de este, que acabó de construir más de quinientos edificios en su larga carrera, fue en ese caso de mero consultor. Ahí, en el hotel, tuvo un tal Gene Sulit la idea original de este coctel, aunque la más extendida, que procedo a glosar para beneficio de tus invitados, proviene de la California setentera, especialmente del restaurante The Trident, en Sausalito, o sea, a tiro de piedra de San Francisco.

Te agencias un vaso tipo *highball*, le pones unos hielos y dejas caer tres partes de tequila por seis de jugo de naranja y una y media de granadina.

Se le llama así por el amarillo flamígero que va a desprenderse del vaso, muy parecido al de un amanecer. Adelanto que el color es mucho menos digno de suspicacias que el sabor. Pero no te detengas. Este libro no censura ninguna iniciativa alcohólica. Bueno, casi ninguna.

Tan dudosa como la película de Towne es la canción de ese nombre que publicaron los chicos de The Eagles en 1973. Si eres joven tal vez el nombre no te diga demasiado, pero esta agrupación suena todavía en las cadenas de radio con propensión a la nostalgia. Lo que pasa es que esa permanencia no se la deben Los Águilas a la canción que nos ocupa, muy popular en esa fecha, cuando apareció en el álbum *Desperado* con un nada desdeñable éxito y merecidamente olvidada, sino a "Hotel California", cuyo solo de guitarra seguramente intenta replicar tu tío de la cola de caballo cuando agarra la fiesta y que no apareció sino hasta 1976. Pero en esa canción no figura el tequila. Como de alguna manera un poco rara trata sobre la decadencia moral de aquel mundo materialista, aparecen el vino y la champaña rosa. Raro en una banda de origen texano, ¿verdad? *Cowboys* con champaña rosa. Por si pensabas que ya no tenías capacidad para sorprenderte.

VINO
Un voto por la salud

Cocino con vino. A veces incluso se lo pongo a la comida.
W. C. FIELDS

La leche no es sólo una bebida de pésimo gusto: es tóxica. Ahora lo sabemos con fundamento científico, porque la nutrición es una disciplina en boga y tal vez porque las vacas viven un periodo de descrédito, una época negra, por aquello de que propician el calentamiento global y arrasan con los entornos naturales a pisotones y mordiscos.

Nos lo advirtió, mucho antes y con mucha más gracia, uno de los grandes historiadores mexicanos, José Fuentes Mares, al que horrorizaba, y con plena razón, el hábito muy gringo y un tanto mexicano de acompañar la comida con un vaso de leche, como es habitual y atroz de ser visto en *El chavo del ocho*, la más popular de las series mexicanas de televisión y una que, en mi opinión, exige un estado de avanzado embrutecimiento etílico para ser vista.

Experto en el siglo XIX mexicano, novelista de razonable éxito y dueño de una aproximación más que políticamente incorrecta a la Revolución mexicana, Fuentes Mares era también un aficionado al alcohol y la comida. Sus tesis resultaban difíciles de contrarrestar y maridaban el vino con la historia de formas graciosas y dignas de meditarse, pero sobre todo visionarias.

En su opinión, los estadounidenses debían abrazar el consumo de vino y despreciar la leche cuanto antes. Esa simple medida disminuiría su propensión a la violencia, es decir, al expansionismo imperial, a la guerra en otras tierras.

No han parado de guerrear los gringos, tal vez porque la leche no deja tampoco de ser un hábito entre ellos, pero sin duda se han entregado con liberalidad no sólo a beber, sino incluso a producir, y muy bien, vinos de todo tipo. Ellos, y gran parte del mundo. El vino, hasta no hace mucho, se tomaba de forma cotidiana en los países mediterráneos, en Argentina, en Chile, en las clases medias altas o altas de otros países y poco más. Para el resto, era una bebida de ocasiones especiales; apenas en los años sesenta empezó a masificarse el consumo de vino entre las mujeres, como habrás comprobado con las esposas de Don Draper en *Mad Men*. Hoy es posible encontrar también buenos y abundantes vinos neozelandeses y australianos, sudafricanos y hasta mexicanos, por el auge de la enología en Coahuila y, sobre todo, en el Valle de Guadalupe, cerquita de Ensenada, en nuestra frontera con la California estadounidense, a hora y media de Tijuana, en una zona desértica y pegada al mar que le da a los caldos ese gusto intenso, salado. Bien que así sea, aunque a menudo el precio a pagar es que lo que sale de tu copa sepa a *chamoy*. Recuerda que la comodidad en el trago, la falta de exigencia, no es un rasgo necesariamente bueno en una bebida; hay que pedirle al paladar que trabaje.

En México nos faltan muchas millas por recorrer en ese camino, pero tal vez, sólo tal vez, estamos ante el inicio de un proceso parecido al que vivió Estados Unidos en las últimas décadas. Mira el viejo cine de Hollywood; lee a sus grandes novelistas, cuentistas y dramaturgos de los siglos XIX y XX. El vino se tomaba en las cenas con invitados, pero no era una bebida cotidiana entre los hombres que, del *western* a los clásicos del cine negro, de Mark Twain a William Faulkner o Raymond Carver, cuando llegaban a casa, o al bar, o al restaurante, incluso a la oficina, usaban tragos fuertes: *whiskey* derecho, principalmente, tal vez convertido en un coctel más bien amargo, tipo el Old Fashioned, o ginebra, como Dry Martini; si acaso vodka. ¿Una copita de vino en la terraza del bar? Lo dicho: eso, en el mejor de los casos, era propio de chicas, y ni siquiera. Dorothy Parker bebía coctel de champaña, y sólo después de constatar que la ginebra y el *whiskey* le caían como bomba. Pero ese país se convirtió en una potencia vinícola, los hábitos cambiaron incluso en función de pruritos de salud y el vino se impuso. Cuando Mel Gibson, todo un *womanizer*, testosterona pura, exitoso publicista, busca inspiración para una campaña en *Lo que quieren las mujeres*, una película del año 2000, no se aferra al vaso de *whiskey*, sino a muy caras botellas de vino tinto que bebe sin gracia y con velocidad.

De tinto, sí. Porque la vieja costumbre mediterránea de beberse unas copas de vino ya no junto a la comida o la cena, sino en cualquier momento, a modo de trago, en efecto ha calado en países como Estados Unidos y México pero, cuando se trata de consumidores masculinos, el vino es, casi sin excepciones, tinto. Digo en otros momentos de este libro que el alcohol es todavía una bebida muy marcada por el género: persiste la idea de que hay tragos masculinos y tragos femeninos, por motivos imposibles de explicar. El vino blanco, del que hablo en el siguiente capítulo, es visto como propio de mujeres.

¿Qué vino tinto debes consumir? ¿Para qué ocasiones? ¿Cómo? No es este un espacio idóneo para tales disertaciones. Ni el autor adecuado para ofrecerlas, si debo ser sincero. Consíguete unas copas o vasos decentes, pero sin gastarte una fortuna; un buen sacacorchos, porque los malos son casi desechables, y tal vez un decantador. Si no eres un profesional de la cata o cosa parecida, evita los barroquismos. Servir un tinto entre los 18 y los 22 grados es la ortodoxia y funciona, pero no te sientas un pecador si te tomas un vino joven con tres o cuatro grados menos. Y retén ciertas coordenadas, que siempre ayudan a los glotones. Los Cabernet Sauvignon, clásicamente poderosos, intensos, con cuerpo, suelen acompañar bien a las carnes de rasgos parecidos, como el cordero o el pato. Los Merlot, vinos de cuerpo entre medio y bajo, frutales, valen para la res o, si los enfrías un poquito, para pescados untuosos como el atún. ¿Syrah? Para guisados de los de siempre, profundos, desprejuiciados en cuanto a las grasas saturadas. ¿El muy ibérico Tempranillo? Asados de carne roja, sí, pero también quesos tipo español, como el manchego. Lo mismo pasa, en general, con los Malbec, mientras los Nebbiolo se entienden bien con las pastas trufadas y el conejo.

No hace falta decirte que el vino es la única bebida alcohólica que lleva entre nosotros más tiempo que la cerveza: tal vez unos siete mil años. Que está en la literatura griega y romana, que el filósofo Epicuro recomendaba acercársele con mucha prudencia, que aparece de manera persistente en la Biblia en los momentos en que no se pone regañona, puritana o vengadora ("porque mejores son tus amores que el vino", dice conocidamente *El Cantar de los Cantares* en el segundo verso). Es un fermentado de uvas, tampoco hay necesidad de abundar en ello, y de ese origen se derivan muchas de sus virtudes. Me aferro a las certezas sobre la salud que leemos desde hace unos años en la prensa y los libros para recomendarte que el tinto, sin tapujos, lo consumas a diario. Para una vez en la vida que podemos darnos a un vicio con la conciencia tranquila, hagámoslo. Las teorías cambian mucho, pero hay cierto consenso en que unos 250 o 300 mililitros diarios, o sea más o menos la tercera parte de ese Ribera del Duero formidable que te espera en la cava, es una cantidad razonable si lo que quieres es matar las ansias —porque, en efecto, es un ansiolítico de comprobada eficacia— o bajar tus índices de colesterol malo. ¿Recuerdas cuando *El padrino*, la película de Francis Ford Coppola, entra en la recta final? Vitto, el personaje que interpreta Marlon Brando, es ya un viejo: dejó el liderazgo de la familia en manos de su hijo menor. Próspero, cansado, con la tristeza de una vida de sangre aceptablemente metabolizada, mata las tardes en el jardín, en compañía de su nieto, que es un niño pequeño.

Y bebe vino, cada vez más. En algún momento se lo comunica a su hijo Michael, es decir, Al Pacino, el nuevo jefe del clan. Este le contesta: *"It's good for you, papa"*. Y bueno para ti, lector apreciado.

VĪNO BLANCO
Beber electricidad

Los adultos civilizados no toman jugo de manzana con la cena.
FRAN LEBOWITZ

El libro Cómo tener la casa como un cerdo. Guía doméstica del perfecto soltero (1947) es por lo menos desigual. Pero, grosso modo, es un agudo retrato satírico de la masculinidad contemporánea. Lo firma P. J. O'Rourke, famoso por sus colaboraciones teñidas de humor para The Atlantic Monthly y The Weekly Standard.

En el capítulo dedicado a "Las invitaciones a casa", que habla acerca de cómo hacer una fiesta bien cargada de testosterona, recomienda: "Organiza bien el suministro de alcohol" y, poco después, sentencia: "Destierra el vino blanco". No, no es una bebida con buena prensa en la masculinidad extrema. Merece el exilio, nada menos.

Tal vez recuerdes *Weeds*, la cínica serie de Jenji Kohan sobre un ama de casa de clase media alta, Nancy Botwin (una Mary Louise Parker agradeciblemente sexuada) que acaba de perder a su marido, arrastra con dos hijos en la adolescencia y necesita mantener una casa, una camioneta y el resto de los elementos propios de la vida suburbial estadounidense. ¿Cómo resuelve esa coyuntura? Muy a la moda: aprovecha los recursos locales. Puesto que vive en California, vende mariguana. Un negocio estresante, ya que en 2005, cuando la serie fue estrenada por Showtime, la despenalización del cannabis en el país del norte era todavía un asunto muy lejano, como aún lo es en casi todo el territorio yanqui, incluida California (lo que debe poner a 99% de la población del estado en el terreno de la ilegalidad, a juzgar por sus patrones de consumo). Por eso, se entiende que Nancy pase todos sus días con el mejor ansiolítico de supermercado que se conoce: el vino, en este caso, sin excepción, blanco.

Y es que así como el lugar común quiere que un hombre-hombre no tenga vinos blancos en casa, lo es también que las mujeres lo consuman con abandono. Es una pena, sí. Pero el culto a la testosterona tiene un precio. O lo pagas o haces trampa, por decirlo así.

Ciertamente, hay un espacio en el que puedes beberte un vino blanco sin excesiva merma a tu reputación de "hombre", que es el gastronómico. Hoy en día, dos palabras retumban hasta en los restaurantes de comida rápida: *cata* y *maridaje*. Todo el mundo marida, todo el mundo cata. Si el consumo de vino se ha popularizado entre las clases medias, ni hablar de la idea de comer bien. De modo que si eres de los que prestan atención a esos trogloditismos sexistas pero encuentran un placer culpígeno en el vino blanco, sé astuto. No cometas el error de sentarte en un bar con tus amigotes y pedir: "Una copa de Chardonnay; ¿sí lo tienen a ocho grados, verdad?", luego de que ellos eligieron un pura malta y un tequila. En cambio, puedes apostarle a lo del maridaje. Decir que el Chardonnay va bien con los mariscos, que al Sauvignon Blanc le convienen los quesos de cabra y que el Chenin Blanc ni mandado a hacer para los chiles en nogada o el emmental, al menos se acepta.

Hay blancos de blancos, hechos con uvas de ese color, y blancos de negros, de uvas negras. El vino blanco se toma, es sabido, fresco o frío, pero no helado como suelen servírtelo en los restaurantes más pretenciosos que buenos: los ocho grados a que me referí arriba, dicen los que saben, son en general una temperatura razonable. Su gran consumidor, entre los escritores famosos, fue James Joyce. Es muy popular su frase de que beber vino blanco era como beberse los meados de una archiduquesa. Démosla por buena sin más, entre otras cosas porque comprobarlo es, para el común de los mortales, imposible. En cambio, tiene razón, sin duda —y podemos demostrarlo empíricamente—, cuando dice que su fidelidad a los blancos se debía a que le daban "electricidad". Qué precisión: la electricidad es una de las características de esta bebida y una que, me parece, la sitúa en el polo opuesto de su hermano, el tinto, más de introspecciones, incluso de embotamientos, luego de cierta cantidad. Habrás sentido ese suave chisporroteo interno, esa levedad animada, ese alegrarse sin euforia.

Aprovecho que hablamos de vinos blancos para hacerte una recomendación que también tiene algo de culposa: lee a Álvaro Cunqueiro. Gallego y más aún, nacionalista gallego, porque inverosímilmente hay nacionalistas gallegos, vivió de 1911 a 1981, fue un polígrafo en plena forma, capaz de moverse sin incomodidades aparentes del teatro a la poesía, a la novela o a la crónica, y militó en la falange española hasta los años cuarenta, como un franquista convencido —de ahí lo del placer culposo—. Luego, perdió cargo y credenciales en Madrid, porque con Franco era fácil ganarte la enemiga, volvió a Galicia y redondeó una bibliografía de muy respetables dimensiones que incluye varias crónicas gastronómicas. Una delicia todas ellas, salvo en los momentos en que le sale el patriota y se nos pone sensiblote. Da hambre, con Cunqueiro: esos caldos poderosos de la zona cantábrica, esos lacones de cerdo local, esos arroces. (Dejo aparte su descripción del guisado de lamprea, un pez espantoso aunque de sabor notable —"trae su carne la canela de los bosques submarinos", dice don Álvaro— que se cocina en su propia sangre, conforme a lo que parece una herencia del Medievo; y dejo aparte también la tortilla de huevos de gaviota, imagínate).

Da hambre y da sed. Gallego al fin, Cunqueiro no le hacía el feo a los vinos blancos. Sobre todo a los de sus terruños. Son buenos, cómo no. Sus elogios se dirigen al más bien marginal vino de Betanzos, un "cadete" en la clase noble de los vinos gallegos, que tienen el rey y la reina en los del Ribeiro y los albariños. Prueba los albariños, por favor. Se hacen con una uva llamada de la misma forma, propia de Galicia y el norte de Portugal. Son secos pero con un no sé qué afrutado, tal vez un poco ácidos, muy amables; vida pura.

Estarás de acuerdo en que más interesante incluso fue la vida de otro gallego dado a la comida, el vino y el humor: Julio Camba (1882-1962). Viajó a Argentina como polizón y lo expulsaron bajo el cargo de profesar el anarquismo; algo le sabrían, porque ya antes, en los arranques del siglo, colaboró con la prensa republicana y tuvo relación con Mateo Morral, que atentó contra Alfonso XIII. Estuvo en Constantinopla, Francia, Alemania e Inglaterra como corresponsal, vivió en Berlín y Estados Unidos. Luego,

VINO BLANCO

colaboró en el diario *ABC* y viró hacia posiciones más próximas al franquismo. Murió en Madrid, con una obra de respetables dimensiones en la que destaca *La casa de Lúculo o el arte de comer*, de 1929. Como su paisano Cunqueiro (Camba era de Pontevedra), se adaptó al régimen franquista, trabajó fundamentalmente en periódicos, cultivó una grata ironía y habló de comida y vino. A él debemos la sugerencia de que siempre que alguien te invite a comer y te pase la lista de vinos con la esperanza oculta de que pidas el más barato, elijas el más caro, para enseñarle a consumir caldos de precio medio, equilibrados, razonables.

Gallegos de libros aficionados al vino hay unos cuantos. Uno que no es de derechas, porque su autor no lo hubiera soportado, sino más bien un cínico al que le metieron la melancolía vía intravenosa, es el detective Pepe Carvalho, un ex agente de la CIA que militó en el Partido Comunista, asesinó a Kennedy y terminó por afincarse en Barcelona. Protagonizó dieciocho novelas, algunos cuentos, teatro y tele, en cada uno de los cuales se gasta lo poco que gana en comida y alcoholes carísimos, particularmente vinos, que marida con platos sublimes y contundentes pero, sobre todo, con una distancia irónica ante las cosas mundanas. Me refiero a la ironía que en su vida mundana nunca profesó su inventor, Manuel Vázquez Montalbán, un hombre lo suficientemente ingenuo u orgulloso como para morir con la certeza proclamada de que el Subcomandante Marcos era un tipazo, lo bastante como para contrabandear unos chorizos de Guijuelo por el ciertamente permeable aeropuerto Benito Juárez de la Ciudad de México y llevárselos a las Cañadas chiapanecas como regalo. El caso es que Carvalho, al que nadie podrá acusar de escasa masculinidad, tiene una bien surtida bodega de vinos que incluye varios blancos. De manera notable, no son españoles, lo que tal vez se explique por el cerril nacionalismo catalán de su autor, o tal vez sólo por los caprichos del paladar. Son franceses. *Blanc de blancs* de Burdeos, un "gran vino francés de segunda clase", y tres botellas de Sauternes, su favorito. Vinos curiosos, los de esta denominación.

Por los caprichos del clima, son víctimas de un proceso muy inusual que se conoce como "podredumbre noble", que es la gentileza involuntaria de un hongo que propicia de ese modo su tremenda concentración de azúcares. Hablo de un vino caro.

Suele usarse con el *foie gras*, aunque Carvalho, no entiendo por qué, lo reserva para los mariscos de la cena de Navidad. Hay otros vinos afectados por la podredumbre noble que, dicen los sibaritas, pueden sustituir a los Sauternes frente al plato de *foie*. Son los Tocay, húngaros nada menos, sobre todo los de variedad dulce.

Quisiera terminar con una lección montalbanesca o carvalhesca. En *Los mares del sur*, el detective merienda un día morteruelo de Cuenca, una especie de paté, y lo acompaña de Chablis, uno de los blancos franceses más famosos. Sentencia Carvalho mientras come y bebe: "Apreciará usted conmigo que beber el vino blanco en copas verdes es una horterada incalificable. Yo no soy partidario de la pena de muerte salvo en

casos de náusea, y esa costumbre de la copa verde es un caso de náusea. ¿Cómo se le puede negar al vino el derecho a ser visto? El vino necesita ser visto antes de pasar a ser degustado".

Toma nota. Acierta de lleno el detective. Aunque tal vez la lección de verdadera importancia es la que deja su interlocutor: "Beba. Beba, señor Carvalho, antes de que se acabe el vino. Antes de que se acabe el mundo".

VODKA
Pura vida

Ese es el problema de beber, pensaba, mientras me servía un trago. Si algo malo pasa, bebes para olvidar; si algo bueno, bebes para celebrar; y si nada pasa, bebes para que algo pase.
CHARLES BUKOWSKI

Leo en una nota del periódico El País que hay en España un auge de los cocteles hechos con ginebra, de manera particular del Gin Tonic, una moda que, debo señalar, se extiende por lo menos a México y Estados Unidos.

VODKA

Añade la nota que, en el panorama español, la afición a los "yin-tonis" es en realidad una anomalía histórica, una costumbre más o menos reciente que delata, dice con sorna el redactor, cómo en ese país se ha perdido la costumbre de beber *como hombre*, porque, en el mapa mental del viejo macho ibérico, los destilados blancos, como la ginebra o el vodka, son bebidas de mujer. Un hombre de los de antes, un hombre-hombre, toma bebidas prietas, oscuras. Digamos que un *brandy*.

Surgen muchas preguntas de esa forma del racismo alcohólico. Por ejemplo, si tiene autoridad moral para hablar de virilidad etílica una cultura que patentó los churros con chocolate y anís como medicina para la cruda (uno sabe que está plenamente adaptado a la vida española cuando es capaz de meterse un combo de esos a las seis y media de la mañana). Pero, sobre todo, surge la pregunta de si los españoles han oído hablar del frente ruso. De cualquier frente ruso, como la batalla de Stalingrado, que no fue exactamente para espíritus frágiles, como los que visualizaba el machismo peninsular detrás del vaso de vodka.

En 1980, en Suiza, apareció una novela gigantesca, de algo más de mil páginas, llamada *Vida y destino*, firmada por un tal Vasili Grossman. A quienes habían vivido la Segunda Guerra Mundial el nombre les diría algo. O mucho. Ruso de origen judío, ingeniero por formación pero escritor por vocación, Grossman fue corresponsal en el Ejército Rojo para el diario *Estrella Roja* durante la guerra. Así, cubrió batallas apocalípticas, sin precedentes, entre los resistentes soviéticos y los invasores nazis: la ocupación de Berlín, desde luego, pero antes la batalla de Kursk (4900 aviones más la infantería y los blindados) y todavía antes la de Stalingrado, en la que murieron algo más de dos millones de personas, entre militares de ambos bandos y civiles. Todo empezó durante el verano de 1942, cuando Hitler ordenó al general Friedrich Paulus que mandara al 6° Ejército a una ofensiva contra la ciudad bautizada en honor del dictador de todas las Rusias, en un afán de adueñarse de las reservas petroleras del Cáucaso. Después de que la fuerza aérea redujera la ciudad a escombros, las tropas de a pie avanzaron para ocuparla "casa por casa". Y cambió sin remedio el curso de la guerra. Las tropas soviéticas resistieron con un heroísmo sorprendente en lo que se llamó la *Rattenkrieg*, la guerra de ratas, y terminaron por obligar a Paulus a firmar la rendición, pese a que Hitler se negaba a aceptar esa posibilidad.

Por ahí, entre los escombros, estaba Grossman. Es de suponerse que ya tenía dudas muy serias sobre la bondad del régimen estalinista, pero esas dudas no afloraron en aquellos días. Para 1959, cuando remató *Vida y destino*, sus puntos de vista eran ya muy distintos. Su novela, un eco o versión *reloaded* de *Guerra y paz*, la obra de Tolstoi sobre las campañas napoleónicas en Rusia, es un mosaico prodigioso de voces, estampas, pequeñas tragedias y felicidades al que dan voz una pluralidad de alemanes y soviéticos, desde los mandamases de ambos países o los grandes generales como Chuikov y Paulus hasta el último de los soldados rasos. Es una obra muy crítica con el régimen, lo que explica que haya sido publicada en Suiza veinte años después, pero sobre todo un retrato terriblemente verosímil de la guerra.

¿Cómo se sobrevive a la invasión alemana, al invierno cruel en las ruinas, a la falta de alimento, a la certeza de que no te queda más remedio que seguir en la lucha aun cuando el resultado más feliz sería fortalecer a Stalin? Con vodka.

Hay que tomar un trago largo de vodka siempre que alguien te ofrezca una botella o una de esas tazas de metal abollado. El vodka es la bebida ideal para un país devastado por la guerra. Es una bebida difícil de fechar y hasta de catalogar, como lo indica su etimología misma: significa "agua" o, mejor, "agüita", y puede denotar tanto una cierta forma de destilación como, de manera genérica, cualquier bebida de alta graduación alcohólica. Pero es también una bebida de excepcional sencillez y ahí, creo, se esconde su gracia. No tiene el vodka la cantidad de matices que ofrecen los granos y las aguas montañesas al pura malta, los filosos agaves al mezcal o el tequila, las uvas a los brandis o las especias a la ginebra. El vodka es electricidad fría: una experiencia intensa apoyada en sabores minimalistas, una condición que ayuda a explicar, pero no basta para explicar (hacer buen alcohol tiene siempre algo de milagroso) el hecho de que sus ingredientes —al margen de los vodkas perfumados y con saborizantes tipo Absolut, una relativa novedad— sean el agua y el alcohol. Punto. No es, por lo tanto, una bebida con denominación de origen, como el coñac, ni privativa de un país, por mucho que *vodka* y *ruso* se asocien casi por reflejo. Hay grandes vodkas polacos; por ejemplo, el Zubrowka con su untuosidad especiada; franceses, como el Grey Goose; ingleses, como el Two Olives; suecos o finlandeses. Son los suecos y los finlandeses, justamente, quienes le dan el nombre que mejor merece: Aquavit.

El que no merece tantos elogios es el Smirnoff que con tanta fruición bebe Roger Sterling, el amigo y socio de pelo blanco de Don Draper en la serie *Mad Men*, que tanto ha hecho para reivindicar el consumo de alcohol. La escena se repite, con variaciones, una y otra vez a lo largo de las siete temporadas que dura esta saga de publicistas: llegada tipo nueve de la mañana a la agencia, reunión tensa en la oficina de alguno de los protagonistas, tabaco en la mano y latigazo de alcohol derecho para empezar el día. La mayoría, Draper el primero, bebe *whiskies*, y no de mucha calidad, pese al dinero que se mueve en esos ambientes. Pero Sterling es fiel al Smirnoff, un vodka no demasiado potente que llegó a ser hegemónico en el siglo XIX ruso y se exilió tras la revolución de 1917. O tal vez no es realmente fiel, porque se lo bebe de un modo inaceptable para los estándares rusos: en vasos anchos tipo *old fashioned* y a temperatura ambiente.

Cada quien hace con su hígado lo que le parece, pero lo recomendable es servir el vodka frío en un vasito delgado, ponerlo a la altura del pecho como homenaje a tus contertulios y a la vida misma para metértelo de un trago.
Desde luego, el vodka es una bebida legítimamente coctelera.

WHISKEY IRLANDÉS

Desde el país de los locos

El vino es uno de los elementos principales que nos separa de la zoología.
CARLOS BARRAL

Hay una manera irlandesa de jugar futbol y ese modo no es, de ninguna forma, la del más grande de sus jugadores, George Best, que es uno de los más grandes y punto.

Best jugó durante once años en el Manchester United. Lo hizo en los tiempos en que los Red Devils eran jugadores de veras talentosos, en los sesenta, cuando vestía esa misma camiseta Bobby Charlton. Juntos, revelaron a los ingleses, los inventores del juego, una verdad oculta durante décadas: el futbol no tiene que limitarse a pelotazos elevados de cincuenta metros y remates de cabeza. Uno y otro, Best y Charlton, le pegaban al balón con guante de seda, lo mataban con la naturalidad que sólo aplican los dueños de una gran técnica, filtraban pases con vocación de francotiradores y anotaban goles con temible frecuencia. Pero había una diferencia entre ellos: Charlton se convirtió en *sir*; Best era un pícaro. Era el jugador que le quitaba el balón de las manos al portero, que tiraba un túnel en las situaciones más riesgosas; el que te robaba la cartera y te guiñaba el ojo mientras lo hacía; el que disfrutaba del partido, y no se limitaba a resolverlo. Jugaba como era, y era profundamente irlandés. Cosa rara, porque los irlandeses no juegan como son. Si lo hicieran, jugarían como los argentinos o brasileños cuando eran buenos. Best rompió ese divorcio interior. Por eso fue tan popular.

Y es que si era irresistible en la cancha, lo era en la misma medida fuera de ella. Gastaba greñas y patillas setenteras, a lo Beatles, con los que por otro lado se iba de fiesta demasiado a menudo: fue, de hecho, "el quinto beatle". Era guapo en un sentido muy británico. Fiesteó sin tregua y tuvo romances sonados, entre ellos con una Miss Inglaterra. En sus momentos buenos, e incluso en los no tan buenos, era capaz de atrevimientos como tirarle un caño al arrogante entre arrogantes, Johan Cruyff. Se retiró a los 26 años, es decir, cuando el lugar común quiere que el jugador esté en su mejor momento, derrotado por los excesos, y volvió de la bancarrota para ganarse otras cuantas libras esterlinas, en una versión muy disminuida de sí mismo. Pero la gambeta verbal no la perdió nunca. Es, sin duda, uno de los grandes acuñadores de citas de la lengua inglesa reciente, y mira que hay competencia.

"Gasté fortunas en mujeres, coches y alcohol. El resto, simplemente lo despilfarré", dice la más famosa de sus ocurrencias. Pero tiene otras. "Tuve una casa en el mar. Entre la puerta y la playa había un bar. Nunca me di un baño". "Si hubiera nacido feo, nadie conocería el nombre de Pelé". Citas sobre las mujeres y el alcohol. Y es que bebió hasta el límite, incluso después de que le hicieran un trasplante de hígado y así, entre tragos, murió en 2005, a los 59 años.

¿Es el modo irlandés de beber? Muchos dirían que sí. Se bebe fuerte en Irlanda, no hay duda. Voltea si no a ver la biografía de los grandes escritores del país o no sé si decir de los países, porque la mayoría de ellos, por alguna razón, nacieron en Dublín y no en Belfast, o sea en Irlanda del Norte, como Best. Bebía fuerte Joyce, como su amigo Samuel Beckett, aunque este sólo a partir de las cinco de la tarde; no le hacía ascos al trago Oscar Wilde y fue George Bernard Shaw el que dijo que el alcohol es la anestesia que nos permite sobrellevar esa operación, esa cirugía, que es la vida. No en vano el irlandés es el pueblo que patentó el *whiskey*.

Si no se descubren documentos nuevos, habrá que decir que ya en el arranque del siglo XV los monjes producían allí, en lo que hoy llamamos Irlanda, esta bebida; es decir, unas décadas antes que sus hermanos escoceses. En realidad, el método de elaboración del *whiskey* es muy similar al de los productos vecinos. Está hecho de cebada y se beneficia de una triple destilación, lo que ayuda a darle una suavidad extra. Los cereales se mezclan, se lavan, luego se dejan en remojo para propiciar la germinación, se muelen, se maltean y se someten a unas 72 horas de fermentación. A ese protocolo sigue la mencionada triple destilación y un reposo en barricas de roble para Jerez que no debe durar menos de siete años, contra el mínimo de tres de los estándares escoceses.

Una interrogante para terminar: ¿el *whiskey* propicia el valor? Recuerdo a un irlandés, o irlandés-americano, que lo duda seriamente. En 1990 se estrenó *State of Grace*. El director, Dennis McIntyre, logró reunir un elenco excepcional para una película más negra que el negro, un policiaco *hard boiled* que transcurre en Nueva York, en Hell's Kitchen, concretamente, entre las violentas mafias de origen irlandés. El protagonista es Sean Penn, como un policía que vuelve al barrio de su juventud a reencontrarse con los amigotes de entonces, que son unos delincuentes sin matices, pero lo acompañan su ahora ex mujer, Robin Wright, Ed Harris y, sobre todo, ese gran actor que es Gary Oldman como Jacky Flaherty. Vaya personaje. Con el pelo impregnado de grasa, la ropa arrugada y una permanente barba de varios días, es un sujeto de una explosividad pocas veces vista, temperamental, que golpea con furia o dispara compulsivamente a la menor provocación. Bebe sin parar, *whiskey* y cerveza. Pero su osadía responde a otros motivos.

"La gente cree que los irlandeses
somos valientes
—dice en algún momento—.
Simplemente estamos locos".

COCTELES CON FIRMA DE AUTOR

El Martini de los viernes
NAIEF YEHYA

No creo en los Martinis sucios. Para mí el Martini debe ser simple e impecable. A una copa de Martini se le frota en el interior con un limón y luego se mete en el congelador. También la ginebra, mi preferencia es Malacca de Tanqueray o Magellan, debe estar en el congelador por lo menos una hora antes. Se miden 175 ml de ginebra, se añade una gota o dos de vermut Noilly Prat (no caer en la tentación de una gotita o dos más) y una gota de angostura. Se pone en la coctelera con mucho hielo y se agita con fuerza. Se sirve en la copa helada y se añaden aceitunas verdes (sin relleno, por favor) y/o cebollitas.

Pimm's Lemonade
MARTHA SOSA

Varias películas se han creado alrededor de una coqueta jarra de Pimm's Lemonade, ya que es una bebida alegre que refresca las ideas, además de ser perfecta para celebrar la vida al aire libre. El Pimm's No. 1 Cup es un licor inglés cuya base es la ginebra, que se infusiona con una mezcla secreta de hierbas, especias y naranja caramelizada. Su color es parecido al del té negro. Aquí la receta:

Se llena de hielos un vaso *highball*. Se agrega un chorro generoso de Pimm's No. 1 Cup que al menos cubra el primer hielo. Se añaden dos rebanadas delgadas de manzana verde, una de naranja y dos de pepino, todo con cáscara, cinco hojas de menta fresca y limonada previamente endulzada y preparada con agua mineral. Se bebe como si fuera agua fresca, así que es recomendable prepararla en una jarra grande, de vidrio transparente y aplicar las proporciones antes mencionadas según el número de vasos que brinde la jarra. Jamás se bebe con popote y nunca en un día lluvioso.

"El Martini" según don Luis Buñuel
BENITO TAIBO

En casa de mis padres, los tragos combinados son una tradición desde tiempos inmemoriales. Mi padre hacía unos espléndidos Manhattans con los que regalaba a sus amigos mientras la charla se iba poniendo animada. Pero tal vez sea el Dry Martini el que más broncas haya causado en ese bar donde todos opinaban y todos tenían una receta infalible. Luis Buñuel comía en casa por lo menos una vez al mes. Y movía la cabeza negativamente cada vez que probaba algún Martini "infalible" que hubiese preparado uno de los comensales en turno. Hasta que un día, harto, con un gesto fulminante quitó a todos de la barra; nadie me lo contó, yo lo vi preparar esa versión única, como único era su talento. Esta fue la receta:

Se enfría la coctelera con hielos (después se sacan del recipiente y se quita cualquier partícula de agua que hubiera podido quedar dentro con una servilleta limpia).

Se añade una cantidad generosa de ginebra.

Se acerca la botella de Noilly Prat (vermut blanco) a la coctelera, tan sólo para que el Martini sepa que estuvo allí.

Se agita y se bebe (aceituna opcional, pero no se come, se tira).

Uno es bueno, dos son magníficos, tres, una exageración.

Vodka Martini seco sucio

ALEJANDRO ROSAS

Es mi elíxir de la eterna juventud; el coctel que marcha a la vanguardia en la reunión social, el agua bendita que augura buenas conversaciones, libera el espíritu y le otorga un peculiar sopor a la conciencia. Ni siquiera James Bond, quien hizo famoso el Martini –agitado, no mezclado–, pudo conocer sus virtudes curativas. Es una bebida espirituosa para el cuerpo y el alma. Lo tomo con vodka, en lugar de prepararlo con ginebra, debido a mi pasión por la historia rusa; las aceitunas, siempre tres –porque nunca falta una mujer que te pedirá una– y de preferencia rellenas con anchoas o queso azul. Y es un hecho: luego de darle el primer sorbo, la historia nunca vuelve a ser igual. Aquí la receta.

Ingredientes

75 ml de vodka (ruso, si no mejor beber otra cosa)

15 ml de vermut blanco seco

4 o 5 cubitos de hielo

3 aceitunas, de preferencia, rellenas

1 chorro de salmuera

Elaboración: En una coctelera se vierten hielo, vermut, vodka y la salmuera para ensuciarlo, se agita con gracia y se sirve en copa martinera. Para decorar: tres aceitunas atravesadas por un palillo y, tras el primer trago, un suspiro de infinita alegría.

Single Malt
FRANCISCO MARTÍN MORENO

Una de las razones por las que me siento afortunado en mi existencia es por el hecho, nada insignificante, por cierto, de haber nacido después de que se inventó el *whisky*. Sí, sí, el *whisky*, en particular el Talisker, 57 grados North, destilado en la isla Skye, en Escocia. El mejor momento del día, al finalizar la jornada de trabajo, consistía en tomar un buen trago de ese auténtico elíxir de los dioses con un solo cubo de hielo que, al disolverse, disminuía sensiblemente el placer gastronómico, una indigerible frustración, hasta que llegó a mis manos un remedio mágico que me reconcilió para siempre con mi bebida favorita: un buen día encontré en un *pub* inglés unas esferas llenas de agua, del tamaño de unas pequeñas pelotas de golf, absolutamente selladas, que una vez congeladas y metidas en el vaso *old fashioned* enfriaban el *whisky* sin que, en ningún caso, se diluyera el sabor del aguardiente, lo cual, sin duda alguna, constituía una monstruosa falta de ortografía...Volví a nacer...

Gin (sin) Tonic
CARLOS PUIG

El insoportable sabor de la tónica —por algo nació para curar la malaria— me alejó los primeros cincuenta años de mi vida de la ginebra. Hasta que un día no hace mucho, en el barrio de Gracia en Barcelona, a la peor de las horas y con la mejor de las compañías le conté a un *bartender* de mi aversión a la "tónica". Tomó un vaso corto y ancho, puso dos hielos, una enorme rebanada de naranja, dos dedos de ginebra Hendrick's y me dio una botellita de agua mineral para ir mezclando a mi gusto. Desde ese día repito con placer inimaginable y cada vez que puedo no sólo la mezcla deliciosa, sino el nombre de aquel bar que he convertido en consigna: God Save the Gin.

Ginebra Turca (Gin Tonic con cardamomo)
MARUAN SOTO

Una adolescencia cerca de España me llevó a la monotonía de las bebidas. Algo más crecido me di cuenta de que no había nada más pedante que un tipo de menos de 30 que afirma beber sólo ginebra. Afortunadamente, el tiempo permite corregir la soberbia de la juventud y años después descubrí el mestizaje de esta bebida con los sabores de infancia. Soy de origen árabe y aquella bebida transparente que me recordaba Madrid, como le ocurrió a los moros en Granada, se unió con el cardamomo que adornaba el café turco de mi casa. En América, decían mi madre y mi abuela, no saben tomar café; y arrojaban las semillas.

Su recuerdo cayó al vaso *old fashioned* y hoy, con un par de hielos, pongo unos 40 ml de ginebra Bombay o Tanqueray pero, si se puede, uso Bulldog. A esa negra botella inglesa le agarré gusto por llamarse como la raza de uno de mis perros. El pimentero de madera, de esos que están en las cocinas viejas, lo mantengo lleno de cardamomo. Tres vueltas espolvorean el interior del vaso y, después, se completa con agua quina, esto es, con tónica. Los gustos de la vida cambian y están en un solo trago.

Vermut
MÓNICA LAVÍN

Hace unos años me dijeron que era alérgica al bálsamo de Perú, fijador de aromas, que se usa en cosmética y licores. Lo añaden al vermut y al pacharán. Podía dejar el pacharán, al fin los digestivos no son mi predilección. Pero el vermut, con ese color bermellón y ese dulce amargor sobre los hielos, era un sacrificio mayor. ¿Cómo algo de tan engañoso nombre, bálsamo, podía ser un enemigo? No sé si lo he vencido pero he vuelto a poner el placer solariego del vermut en mi mesa, en las terrazas que evocan la de la casa de familia en Coyoacán, o las de Madrid de mi corazón. Es la bebida con la que estrené mi gusto por el aperitivo conversando con mi padre. En vaso corto y ancho pongo mucho hielo, agrego el *twist* de limón o naranja (me gusta más con el de naranja por la combinación de los tonos y aromas herbales y me encanta retorcer esa laja de cáscara que suelta su aceite) y luego el vermut, el Cinzano, apenas unos centímetros por encima de los hielos. Fresco, tintineante y misterioso, bebo sólo uno como preámbulo de cena o comida, o cayendo la tarde para apaciguar el ajetreo. Lo puedo beber sola o en compañía, y el placer es el mismo. El verdadero bálsamo es el vermut.

Carajillo. Receta esperanzadora
NACHO LOZANO

El Carajillo encarna la esperanza. La esperanza de que no importa lo que haya comido o bebido antes, me mantendrá de pie como un guerrero. El "problema" es que después de un Carajillo siempre viene otro. Aunque: ¿qué placer no genera "problemas"? ¿Ingredientes? Yo le pongo Licor 43 de una botellita que me traje de España y que seguramente compré en el Duty Free del aeropuerto de Barajas. Hay quienes le ponen *brandy* o ron; los hay suicidas que levantan su alma con la esperanza del aguardiente. Yo no, soy conservadorcito en ese terreno carajillezco. Eso sí, el secreto está en el café. Los *snobs* dirían que debe ser de máquina y marca finas. Yo diría que un cafecito de olla hecho con granos cosechados en cualquier región mexicana es la luz al final de cualquier túnel. Precisa una rajita de canela durante el hervor. ¿Será que mi carajillo con licor español y café mexicano es una apología de la Conquista española? ¿O será que el beberlo me hace escribir burradas? Hay que agarrar (o pedir) un vaso chaparro y ancho (como el cajón donde guardamos nuestras ilusiones) y poner cuatro cubos de hielo que bañaremos con el licor. Luego una gota de limón (¿por qué una? No tengo idea, pero siempre le pongo una). Al final viene el café de olla. El café y el licor se quedan separados por segundos, luego se fusionan (no voy a escribir que "hacen el amor"). Listo. Entonces, la esperanza se recupera.

Vodka Tonic
JULIETA GARCÍA

Prefiero las bebidas sin mezcla (el *whisky*, el vodka y el vino tinto son lo mío), pero hay circunstancias en las que un coctel es lo que aplica. Para hacerlo, prefiero el vodka. Hay una versión del Vodka Tonic que me gusta y es ligeramente inquietante. Hay que exprimir un poco de limón en un vaso jaibol. Se le echa hielo y, sobre él, la cantidad deseada de vodka (congelado, por favor). Sobre eso, se añade agua quinada. No hay que llenar el vaso porque hasta arriba se agregan unas semillas de granada roja (varias). Las semillas rojísimas flotan en la transparencia (se puede usar un mezclador para enterrarlas). Hay quien gusta de añadir un chorrito de jugo de granada, al final, como para que parezca sangre. Muy raro. Muy rico.

P.d. Se pueden hacer hielos con las semillas de granada. Ahí sí vale la pena echar al fondo un chorrito de jugo de granada (no endulzado) antes de añadir el alcohol y la quina.

Michelada

JORGE ZEPEDA

En un vaso pones hielo. Es muy importante poner primero el hielo para que le vayan cayendo las salsas encima. Añades salsa inglesa y jugo Maggi, bastante cantidad, y un poquito de salsa Valentina. Luego agregas el jugo de un limón o dos, según el tamaño. Cuidado con las semillas: hay que sacarlas antes de exprimir o poner un colador. Es importante que el limón se agregue al último para que "empuje" las salsas hacia abajo. Finalmente, sirves la cerveza y agitas en círculo moviendo los hielos.

Michelada: mi bebida favorita: efectiva, sencilla e infalible. Y la mejor de las virtudes: no suele provocar cruda.

La Polla

ARMANDO VEGA-GIL

Mucha gente decide, sin consulta nacional, vaso por vaso, cantina por cantina, que, por tocar durante treinta arduos, picantes y descarapelados, rotos, milagrosos y exaltados años en Botellita de Jerez, una banda de nombre extático y beodo (qué palabra más borracha: beodo), el jerez debería ser, por convicción o por condena, mi bebida favorita, al menos de cajón (por aquello de las borracheras de buró). De hecho, tomado en las rocas, es riquito, y suele ofrecerse como un aperitivo reafirmador amplificante del hambre. Sin embargo, no suelo entrarle a su dulzor empalagoso en una comidita o cena, sino que sus verdaderos efectos emergen como Leviatán en las simpáticas juguerías que inundan la Ciudad de México, a eso de las seis de la madrugada. Allí, se pueden ver atletas de la carrera reponiendo, a mi lado izquierdo, sus ácidos lácticos con zumo de papaya (nótese la connotación sexosa de esta afirmación), con toronja, o... crudos y briagos (qué palabra más borracha: briagos) curándose jaqueca y náuseas, a mi lado derecho, con las famosas pollas (cuidado con su significado en la península ibérica) que algunos viejitos insisten en decir que tiene poderes nutritivos infinitos, pero que te pone borroso desde muy tempranito. En un vaso juguero, de medio litro, se pone antes que nada un caballito de jerez Tres Coronas, con su tono casi negro y de olor perfumado (a agua de colonia Sanborns) y luego se rellena el vaso con jugo de naranja fresco, recién exprimido (para que no se oxide y para que el azúcar se te suba como marea en luna llena al cerebelo), dejando un espacio libre de dos dedos gordos en la boca del cáliz de cristal, cavidad justa donde cabrán una o dos yemas de huevo... crudas. El malabar de separar yema de clara (Clara y Ema) es delicado y milimétrico: se parte el cascarón en dos jicaritas y la yema se pasea de una a otra dejando correr la viscosidad en un escurrimiento genial. Para que no se revienten, las yemas se colocan con cariño en el jugo enjerezado, las cuales, por efecto de densidad y tensión superficial, quedarán flotando. Luego viene lo difícil: de un trago decidido, sin asquitos ni payasadas, uno se mete de golpe la yema *in vivo*, sin masticarla ni degustarla, con el empuje del jugo que, ya de por sí, viene con alto octanaje. La yema pasa entera, triunfante por la boca, la garganta y el esófago. Ya después el juguito y el jerez apaciguan y recolocan a los viajeros del tiempo que están a mi derecha, a mi izquierda y en mi centro, para seguir, felices y medio pedos (qué palabra más...), en el inicio de un nuevo día. ¡Salud!

Cosmopolitan
LAURA GARCÍA

Somos generación *Sex and the City*, no lo podemos negar, así que todas hemos querido ser Carrie Bradshaw en algún momento. Además de su columna, su departamento neoyorquino y, por supuesto, su clóset, le envidio sus noches de cocteles con sus amigas. Por eso quise imitarla y hace años organicé los lunes de Martini en mi casa. La idea es simple: un lunes al mes nos reunimos en mi casa y cada vez una trae una forma de preparar el famoso Cosmopolitan, se encarga de comprar los ingredientes y nos enseña su receta. Esas noches en la cocina experimentando con mezclas y sofisticados utensilios, esas risas y esa "cata" posterior ya se han convertido en los mejores momentos de amistad compartidos. Cuando me tocó a mí ser la *bartender*, recurrí a internet para lograr algún original trago. Aquí va la que triunfó aquella noche. ¡Salud!

Ingredientes
Hielo
45 ml de vodka
15 ml de Cointreau
Jugo de arándanos rojo (lo puedes encontrar como *cranberry*)

10 ml de jugo de limón

Cáscara de naranja para decorar

Elaboración: Se escarcha la copa con limón y sal. Se pone en una coctelera el hielo, el vodka, el Cointreau, el jugo de limón y un poco de jugo de arándanos. Se agita bien. Se cuela la mezcla en el vaso. Por último, se decora con la cáscara de un limón.

Es fundamental tener coctelera y copas de Martini para que la preparación sea un éxito. Y claro, que haya actitud, siempre.

Tequila y mezcal
CARLOS HAGERMAN

Mi bisabuela murió a los 94 años, tranquila, dormida en su cama. ¿Cómo le hizo? Yo se lo atribuyo a que rutinariamente se tomaba un tequila antes de comer. Yo soy tequilero y mezcalero, como mi bisabuela: tomo un caballito antes de comer. Me gusta el tequila blanco 7 Leguas o El Tequileño. De mezcales me gustan: El Milagrito, Delirio blanco y Pierde Almas. Prefiero tomar tanto el tequila como el mezcal solo o, como decimos en México, "derecho". Creo que el arte de mezclar no sólo radica en hacer la mezcla dentro del vaso. Para mí la mezcla de sabores también la hace aquello con que acompañas tu trago. Yo he encontrado dos cosas que van muy bien. La primera es el chicharrón con un poco de salsa picante de chile de árbol, ajo, tomate y comino asados. La segunda compañera ideal es sal de chapulín (saltamontes). Se compran los chapulines en el mercado de Oaxaca. Hay que dejarlos secar al sol sobre un papel. Después se muelen en un molcajete o mortero. Un poco de este polvito, alternado con cada trago de tequila o mezcal, es justo un placer para poder morir tranquilo.

LAS

RECETAS

DE LOS

EXPERTO

Bellini

60 ml de jugo de durazno o licuado de durazno
120 ml de champaña

Coloca el jugo de durazno en una copa flauta y agrega lentamente la champaña fría.

Bloody Mary

2 medidas de vodka
180 ml de jugo de tomate
Jugo natural de limón
Una pizca de sal y pimienta
1 a 3 golpes de salsa de chile picante
½ cucharadita de rábano picante
4 a 6 golpes de salsa inglesa
Una pizca de sal de apio

Agita todos los ingredientes en la coctelera con una cucharada de hielo. Sirve en un vaso de trago largo decorado con una rodaja de limón y una rama de apio.

Café irlandés

3 terrones de azúcar
Café americano, caliente
37 ml de *whiskey* irlandés
Crema batida

Coloca los terrones de azúcar en un vaso *old fashioned* caliente. Llena ¾ del vaso con el café. Disuelve el azúcar. Añade el *whiskey* y mezcla bien. Adorna con la crema batida. Nota: para evitar que el vaso se rompa, coloca en su interior una cuchara de metal antes de verter el líquido caliente.

Carajillo español

1/3 de *brandy* Magno
2/3 de café expreso
3 granos de café
1 o 2 terrones de azúcar moreno
1 sobre de azúcar blanco
2 hilos de cáscara de limón para decorar
1 rama de canela

Pon en una taza el azúcar, el chorrito de *brandy*, los granos de café y la corteza de limón. Calienta la mezcla y flambea. A continuación, añade un buen café *espresso* y mezcla. Por último, decora con una ramita de canela y unos hilos de cáscara de limón. Para un toque diferente, prueba a darle un aire más frutal sustituyendo el azúcar, la canela y el limón por 1 cl de sirope de higos, una hebra de vainilla partida por la mitad y un *twist* de corteza de naranja.

Coctel de absenta

30 ml de absenta
3 *dash* de licor de hierbas
2 *dash* de *bitter*
30 ml de agua
Hielo picado

Coloca los ingredientes en un vaso mezclador, añade hielo picado y agita el contenido hasta mezclarlo bien. Cuela sobre una copa coctel y disfruta de este trago a base de absenta.

Coctel de champaña
1 medida de *brandy*
Un terrón de azúcar blanco
Amargo de angostura
Champaña

Cubre el terrón de azúcar con amargo de angostura y colócalo en una copa flauta. Agrega el *brandy* y completa con champaña.

Cosmopolitan
3 medidas de vodka
2 medidas de Cointreau
2 medidas de jugo de arándanos
1 medida de jugo de limón

Mezcla los ingredientes en una coctelera con hielo. Este coctel suele servirse en una copa de coctel, también llamada *martini glass*. Es habitual, especialmente en la variante con ginebra, flambear un trozo de corteza de naranja encima del vaso, y dejar la corteza en el vaso.

Daiquirí
45 ml de ron blanco
10 ml de jugo de limón
1 cucharada de azúcar

Agrega hielo a la licuadora y vierte todos los ingredientes. Licúa hasta que tome una textura *frappé* y sirve en una copa coctel. Decora con una rodaja de limón.

Daisy Pardi

15 ml de *triple sec*
15 ml de coñac
15 ml de jugo de naranja

Añade todos los ingredientes y hielos a una coctelera. Mezcla bien. Sirve en una copa de coctel.

Desarmador

75 ml de vodka
120 ml de jugo de naranja natural

Mezcla los ingredientes en un vaso alto, con hielo al gusto.

Fuzzy Navel

2 medidas de *schnapps* de durazno
Jugo de naranja

Vierte el *schnapps* de durazno sobre hielo. Completa con jugo de naranja.

Gimlet

70 ml de ginebra
15 ml de jugo de limón
15 ml de jarabe

Añade todos los ingredientes en una coctelera y llena con hielo. Agita y cuela en un copa de coctel helada o un vaso *old fashioned* lleno de hielo fresco. Adorna con cáscara de limón.

Greyhound

45 ml de ginebra (si se prefiere, puede sustituirse por vodka)
150 ml de jugo de toronja

Vierte los ingredientes en un vaso *highball* sobre los cubos de hielo y mezcla bien.

Manhattan

60 ml de *whiskey bourbon*
30 ml de vermut dulce
3 *dash* de amargo de angostura
1 cereza o cáscara de naranja

Vierte todos los ingredientes excepto la cereza en una coctelera con hielo, revuelve perfectamente hasta que el vaso tenga una leve condensación de escarcha y finalmente, con la ayuda del colador, vierte el líquido en una copa coctel y decóralo con una cereza o con una cáscara de naranja.

Martini Seco

2 medidas de ginebra
½ medida de vermut seco
Aceitunas verdes o cáscara de limón

Enfría previamente la copa, llena la jarra mezcladora con hielo, añade los ingredientes previamente enfriados en la proporción indicada. Remueve rápida y continuamente unos diez segundos y sirve en la copa previamente enfriada. Decora con aceitunas o cáscara de limón.

Mimosa

148 ml de champaña, fría
89 ml de jugo de naranja fresco, frío
1 rodaja de naranja

Sirve la champaña y el jugo de naranja en una copa de champaña fría. Mezcla ligeramente. Coloca la rodaja de naranja en el borde de la copa.

Mint Julep

75 ml de *bourbon*
2 cucharadas de azúcar
2 cucharadas de agua
4 a 6 ramitas de menta fresca

En un vaso Collins, macera las ramas de menta junto con el azúcar y el agua y llena el vaso con hielo *frappé*. Añade el bourbon y agita con una cucharilla para que se revuelvan bien los ingredientes. Después, agrega más hielo *frappé* hasta que sobresalga del vaso y decora con una ramita de menta y un popote.

Negroni

30 ml de ginebra
30 ml de vermut *rosso*
30 ml de Bitter Campari
Cáscara de naranja

En un vaso *old fashioned,* agrega dos cubos de hielo. Vierte después todos los ingredientes y mezcla levemente con una cucharilla de bar. El coctel se decora con la cáscara de naranja.

Old Fashioned

60 ml de *bourbon*
2 *dash* de amargo de angostura
1 *dash* de agua
1 terrón de azúcar
Cáscara de limón

En un vaso *old fashioned*, coloca un terrón de azúcar y agrega los dos *dash* de amargo de angostura y el *dash* de agua para poder macerar bien. Agrega dos o tres hielos en cubo y los 60 ml de *whiskey*. Decora con la cáscara de limón.

Pisco Sour

60 ml de pisco
30 ml de jugo de limón
20 mg de azúcar blanca o 15 ml de jarabe de goma
1/3 de clara de huevo
3 o 4 cubos de hielo

Pon los ingredientes en una coctelera con bastante hielo y agrega la clara. Agita la coctelera, pásalo por un colador y vacía el contenido de un vaso de 125 ml. Sirve con dos gotitas de amargo de angostura y, opcionalmente, canela molida.

Rickey

15 ml de jugo de lima
60 ml de ginebra
Soda

Mezcla todos los ingredientes en un vaso de Tom Collins.

Rob Roy

1 medida y media de *whisky* escocés
1 medida de vermut dulce
Un *dash* de amargo de angostura

Coloca los ingredientes en un vaso mezclador lleno de hielo y remueve hasta que se enfríen. Cuela en una copa de coctel. Decora con cáscara de limón o una cereza. Si lo prefieres seco, reemplaza el vermut dulce por vermut seco, o haz uno perfecto empleando vermut dulce y seco a partes iguales.

Rusty Nail

45 ml de *whisky* escocés
45 ml de Drambuie
1 rodaja de limón

Llena con abundante hielo un vaso bajo u *old fashioned*. Vierte los 45 ml de *whisky* escocés y seguidamente los 45 ml de Drambuie. Después, decora con una rodaja de limón.

South Side

60 ml de ginebra o vodka
El jugo de un limón
1 cucharadita de azúcar glas
6 a 8 hojas de menta fresca

Añade todos los ingredientes y hielos a una coctelera. Mezcla hasta triturar las hojas de menta. Sirve en una copa de coctel fría.

Tequila Sunrise
Granadina
Jugo de naranja
45 ml de tequila blanco

Vierte el tequila y completa el vaso con jugo de naranja. Luego agrega 15 ml de granadina en un vaso alto lleno de cubos de hielo, remueve y disfruta.

The Cricket
119 ml de vino blanco, frío
30 ml de vodka
15 ml de *curaçao*
1 rodaja de naranja

Añade todos los ingredientes, excepto la rodaja de naranja, en una copa de vino. Mezcla bien. Decora con la rodaja de naranja.

Whisky Sour
2 medidas de *whisky*
1 medida de jugo de limón
1 medida de jarabe de azúcar

Mezcla los ingredientes en un vaso de trago corto sobre cubos de hielo. Decora con una rodaja de limón.

VASOS Y COPAS

Una buena presentación es fundamental para disfrutar de un buen coctel. No se trata de *snobismo*, realmente algunos tipos de alcohol saben mejor en determinados vasos.

Vaso *highball* o Collins

Vaso de trago corto u *old fashioned*

Vaso de coñac o *brandy*

Vaso de *shot*

Copa coctelera o de Martini

Copa de coctel

Copa de vino

Copa flauta o de champaña